도道시詩락樂이 돌아오는 시간

작가마을 시인선 72
도시락이 돌아오는 시간
ⓒ 2025 안창섭

초판인쇄 | 2025년 8월 10일
초판발행 | 2025년 8월 15일

지 은 이 | 안창섭
펴 낸 이 | 배재경
펴 낸 곳 | 도서출판 작가마을
등   록 | 제 2002-000012호
주   소 | 부산시 중구 대청로141번길 3, 501호(중앙동, 다온빌딩)
         T. 051)248-4145, 2598   F. 051)248-0723   E. seepoet@hanmail.net

ISBN 979-11-5606-287-5   03810   정가 12,000원

※ 이 책의 무단전재 및 복제행위는 저작권법에 의거, 처벌의 대상이 됩니다.
※ 본 도서는 2025년 경남문화예술진흥원의 문화예술지원을 보조받아 발간되었습니다.

작가마을 시인선 ㉒

도道시詩락樂이 돌아오는 시간

안창섭 시집

시인의 말

잃어버린

도시락을 찾아서

열심히

늙어가야겠습니다.

2025년 여름

차례 __ 안창섭 시집

005 · 시인의 말

1부 풋사과처럼 덜 익은 시간

013 · 상상도 못 하는 죄

014 · 멍게

015 · 홍옥

016 · 몽당연필의 봄바람

017 · 꿈결이었어, 깨어날 수 없는 꿈결이었어

018 · 달집

019 · 물끄럼말끄럼

020 · 바람의 전개도

022 · 살구꽃 당신

023 · 그땐 그랬지

024 · 저도

026 · 기차는 달리고 싶다

027 · 하쿠나마타나

028 · 발꿈치를 잘라 먹던 시절

도시락이 돌아오는 시간

2부
그리움을 편집하는 시간

031 · 할매 콩국수

032 · 방문 전 전화 주세요

034 · 샛별이 떨어진 안방

036 · 퇴비장

037 · 바람이 불어오는 곳

038 · 통일벼의 꿈

040 · 아라홍련

041 · 이별이 지고 작별이 뜬다 1

042 · 이별이 지고 작별이 뜬다 2

043 · 연꽃처럼

044 · 능소화

046 · 상사화

047 · 유전무죄

048 · 금강역사

차례 __ 안창섭 시집

3부 무명 시인의 시간

051 · 42.195

052 · 뭐시 중헌디 1

053 · 뭐시 중헌디 2

054 · 감정 초본

055 · 소나기

056 · 절박

058 · 전자레인지

060 · 잃어버린 얼굴을 찾아서

061 · 신의 저울은 한쪽으로 기운다

062 · Who am I

064 · 내 통장이 영원이 되는 동안

066 · 내게도 복날이

067 · 월중 계획표

068 · 본능적으로 삐딱하게

070 · 뺑뺑이

도시락이 돌아오는 시간

4부

한 박자 쉬고 세 박자 울고 가는 시간

073 · 발칸의 장미
074 · 메주
076 · 꿈에 보았던 꿈들
078 · 동전 인생
079 · 씁쓸
080 · 잠들지 않는 섬
081 · 도시락 1
082 · 도시락 2
084 · 도시락 3
086 · 악연
088 · 허튼소리 명태가
091 · 네팔 상회
092 · 우리들의 천국
093 · 눈물 왕국

차례 __ 안창섭 시집

작가마을 시인선 ㉒

5부 심장에 문장을 새기는 시간

097 · 점심 생략
098 · 4월의 火印
099 · 부모님 전 상서
100 · A 특공대
101 · 와락
102 · 도요새
104 · 불조심하시렵니까
105 · 폭탄 돌리기
106 · ㅏ 자의 발견
107 · 은행잎 누나
108 · 벅수에게
110 · 주민자치회
111 · 자물쇠
112 · 탑
113 · 비상 시대
114 · Mayday Mayday Mayday

115 · 해설 | 사물 고유의 맛과 시의 당도 / 김정수

| 1부 |

풋사과처럼 덜 익은 시간

상상도 못 하는 죄

생각하는 것만으로도 죄가 된다지

생각만으로 지은 죄, 너무 많아서

생각하기 싫은 죄, 더 많아서

생각의 깊이만큼 죄는 깊어지고

생각이 없는 만큼 죄는 곁에 있네

전생에 지은 죄는 죽어도 모르는 죄

상상으로 또, 무슨 죄를 짓고 있나?

멍게

멍게가 소리 없이 짖는다
뇌가 없어 멍청하게 멍멍
주둥이 하나로 살아가는
먹을 것은 다 먹고
생각하는 뇌는 사치

뇌물은 어디로 흘러가는지 꼬투리는 짧아서
유물을 남기지 못하는 멍게 똥은 가늘어
대변인을 찾아가 변명도 못하고 멍 멍 멍

뇌물 없이 먹은 소주 병들
사열 종대로 세워놓고
술이 부족이라 쓰고
술이부작*이라 읽는다

* 述以不作

홍옥

한입의 상처가 아무는 계절은 가고
거짓말 일기장에 시큼한 문장만 남아

입바른 소리는 상처를 덧나게 하는 것
속울음 삼키는 아픔은 신물 같은 것

쪼개지지 않는 사과는 반송된 편지 같은 것
말 못 하는 사과는 주머니 없는 속옷 같은 것

사랑의 거짓말이 반듯하게 반쪽으로 쪼개지는 저녁

몽당 숟가락으로 둥근달을 파먹는 사람들
배꼽 주위로부터 검붉은
사랑의 상처가 싹트기 시작했다

몽당연필의 봄바람

몽당연필 하나 모나미 153 막대에 박혀있다
베드로가 잡아 올린 살이 오른 바벨 물고기를
15원에 팔아버린 지우개가 너를 아직 버리지 못한 건
삼세번의 기회에도 너의 손목을 잡지도 못한 내 손가락이

너를 잡고 서걱거리는 시간을 여러 번 삼키고
손톱을 깨무는 버릇이 원점으로 돌아와서
검지가 읽어내는 흔적을 지우는 볼펜 똥

책받침 눈동자를 굴러 점을 보는 동안
지우개 똥을 누이고 가는 봄바람을 매만지며
침 발라 쓴 편지가 자갈길처럼 울퉁불퉁하다

꿈결이었어, 깨어날 수 없는 꿈결이었어

참과 거짓을 섞어 폭탄주를 만들었을 때
혀는 꼬여서 말은 삐뚤어지고 했던 말 하고 또 했지
술병이 졸병이라 안주를 하나 더 시켰지
한번은 단단한 말로 투명한 잔을 깨고 싶었지만

우리가 기억하는 것은 다 거짓이었지
참말은 주머니 속에서 만지작거렸지
아무리 마셔도 줄지 않는 진실한 밤공기에 취해
내 안에서 잠자고 있던 불침번이 거짓을 불러모았지
어떻게 돌아왔는지도 모르고 어떻게 돌아가는지도 모르고
짐승처럼 어둠을 두드리다가 저승 잠을 자던 나는
또 태어나는 끔찍한 꿈을 팔 수가 없었지

꿈결이었어, 눈에 밟히는 꿈길이었어

달집

죽은 자의 음악이 흐르는 달집에서

달빛을 가두어 사나흘 머물다 가는

모래밭에 달력을 그려놓고 지우지 못한

네 흔적을 수습하는 나는

달집을 태워

그늘이 없는 그림자를

속으로만 품었네

물끄럼말끄럼

내 등 뒤에 누가 있나
문득 뒤돌아보았을 때
떠오르는 얼굴이 있다면
조금은 아픈 사랑을 모르는 척하다가

누군가의 등에 업히고 싶을 때
누가 나를 불러주지 않아도 뒤돌아보고 싶은
먼 뒤안길에서
뒷주머니에 넣어 두었던
부치지 못한 편지를 꺼내 읽는다

농담처럼 보고 싶다 해도
떠오르지 않는 그리운 사람이 되어
달빛 아래 소식을 전하는 반딧불이처럼

바람의 전개도

 바람의 시작은 외인들과 비밀번호를 나누어 갖죠. 내 것도 네 것도 아닌 비밀을 공유하기엔 그만이죠.
 외인은 비밀번호를 누르며 자신의 미래를 알리죠. 반전은 짧은 과거에 있고 바람을 연결하기 위해 여러 개의 알리바이가 필요합니다. 거리마다 네온사인의 발목이 삐딱거리고 멀리서도 알아볼 수 있는 낮 뜨거운 한낮의 아우성이 불야성을 이룹니다.
 비보호좌회전의 여유로 낮거리로 풀어놓은 바람, 결재와 결제를 구분 없이 비밀금고에 넣은 시기와 질투는 비밀번호가 달라도, 자유로운 영혼이 우선멈춤을 무시하고 지나가는 나무에게 거짓말을 할 수가 없었죠.
 낯짝을 가리는 사람들은 그래도 시작에 불과하죠. 바람의 등살을 할퀴고 가는 바람들은 대부분 알리바이가 성립되는 세상, 이해 못 할 일이 하나쯤은 숙제로 남아있죠. 바람의 피를 말려 보세요. 피 맛을 아는 당신이 거머리처럼 종아리 피를 빠는 동안 하나도 아프지 않은 것은 거머리도 따뜻한 피를 바람에 말리기 때문이죠.
 바람의 간격과 속도에 따라 합법으로 매매되는 이중 나사구조로 물고 늘어질 때, 바람은 더 이상의 바람의 성질을 잊어버리고 때로는 깊은 웅덩이를 만들어 우물 속으로 빠트린 동전이 되어, 전파가 잡히지 않은 라디오처럼 잡음이 수시로 귓가를 맴돌다 가죠.
  바람을 열고 봉투를 꺼냅니다. 바람을 뒤집으면 소문들이 소나기처럼 떨어집니다. 외인들은 많고 봉투는 단 한 장에 불과해서 수취인 불명의 소포를 느린 우체국에 저당 잡히고 말았죠.
  찬바람을 접어 나비로 만드는 사람들, 사소한 바람의 마음은 모래알처럼 흩어졌다 서로의 목을 조르는 다정한 사이, 바스락거리는 심장을 서로 봉인한 채,

  바람을 부칩니다.

살구꽃 당신

사람은 사람으로 잊고 살구요

사랑은 사랑으로 잊고 살구요

살구는 죽어도 잊지 않고 살구요

이래도 살구 저래도 살구

이래저래 잘 살다가

살구꽃 등불 아래

등뼈를 말리는 그런 날까지 살구요

그땐 그랬지

첫눈 오면 만나자 그랬지,
눈발 속에 차 한 잔, 하자 그랬지,
눈밭에 파묻힌 그림자를 캐러 가자 그랬지,

눈치코치도 없는 추레한 크리스마스 노간주나무
징글징글한 싱글 벨은 옆구리가 허전해도 괜찮다, 그랬지
싸락눈에 슬리퍼 끌고 가는 쌀쌀한 날씨 속을
이소룡 추리닝 뒤집혀도 괜찮다, 그랬지
고무신이 바빠서 대신 보낸 편지
천사들의 희망 고문 괜찮다, 그랬지

괜찮다, 괜찮다, 너도 괜찮다, 그랬지

짬뽕 국물에 동동 뜨는 너의 눈동자
참 좋다, 그땐 그랬지

저도

찰방찰방 물빛 소리 듣는다
작약이 피었다가 모란이 피는 사이
눈먼 숭어 뱃머리 튀어 오르고
코끼리 조개가 밀물을 불어내는 저 섬에
돼지꿈을 꾸던 도다리들 눈만 돌아가고
폐선들은 오래된 기침을 삼키는 중
봄바람도 숨이 차서
육지라는 섬을 한참이나 바라보았네

연락선 닿지 않은 이 섬과 저 섬 사이
고래가 쌓은 모래성과 문어가 남기고 간 통발 무덤
문어 다리 팔자가 펴이는 꿈을
머구리 잠수부에게 꿈값도 없이 팔았지
갯벌에 밑줄을 긋고 살아온 저 섬에서

오백 년 묵은 해송의 목을 잘라
희나리로 세월을 태우는 갈맷길
목마른 물새들은 둥지를 털고 일어서네
파도의 등을 밟고 가는 녹슨 철조망의 눈망울이

불꽃을 태우는 동백의 뜨거운 손을 오랫동안 잡아
차가운 화상 입고 몇백 년 저 섬을 지키고 있네

기차는 달리고 싶다

경화역 그곳에 가면 객차는 떠나고
기관차만 발이 묶여 매미처럼 울고 있다

국숫발 햇살이 기관차 이마를 사정없이 내리쳐서
기적소리 반짝, 매미를 깨우고 가는 정오

꽃 멀미에 아직도 서러운 체위를 바꾸지 못해
객차의 몸부림이 따가운 눈길로 맴도는 정거장
사무치는 녹슨 추억은 평행선을 긋고

뜨거운 그림자도 사부자기 벚나무 아래로 발을 묻고
납작 엎드린 그림자도 덜커덩 수평을 잡던 곡선의 눈동자
침목의 간격만큼 기차의 침묵이 깊어만 가는 그곳에 가면

끊어진 시간표 사이 터져버린 매미 목
매미처럼 울고 싶은 날
기차는 달리고 싶다

하쿠나마타타

끝없는 평원에서 아이가 되고 싶었네
아기코끼리 손을 잡고 타나강 찾아
어둠에서 벗어나는 강물에 시름을 놓고
홍학은 잠든 호수에서 팅팅 부은 다리로 춤추네
키 작은 기린과 어깨를 걸고 걷다가
수 사자 갈기를 잡아타고 흙바람 냄새에 취해서
온종일 놀다 잠들고 싶었네

얼룩말이 그려놓은 수채화에 발 도장을 찍고 가는 누우떼
우기에 잠드는 빗소리가 자장가 되지 못하는 초원의 꿈을

나는 고무신 배를 타고 세렝게티로 간다
당신의 품으로 돌아가려 한다

발꿈치를 잘라 먹던 시절

냉이꽃 필 무렵 아버지는 쇠죽물에
지게 발 같은 발을 담가 불리셨다
낫으로 팽이를 깍 듯 둥글게 빚은 발꿈치에서
핏빛이 돌면서 광대 풀꽃이 피기 시작했다

살인지 껍데기인지 제 살을 깎아 두엄 무더기에
육 보시를 하고도 열반에 들지 못한 지게 발이
담벼락 기대어 아침나절 허물어지듯
피어나는 굴뚝 연기에 취해 쓰러지는 시절
그립다, 말 못 하는 세상이 쩡하다

| 2부 |

그리움을 편집하는 시간

할매 콩국수

오늘은 둘이 모여 하나 되는 부부의 날
할매 국숫집에서 콩국수를 먹는다
초면의 밀가루들이 치대고 치대서 생면부지의 면발이
얼마나 오래되어야 쫄깃한 국숫발이 되는지
면발이 후루룩 걸어온 길, 할매 발자국은 보이지 않네
걸쭉한 첫 만남이 어제 같은데 희뿌연 콩국물 닦아주며
마주 보는 시간이 짧아서 낭창낭창한 면발을 오래오래 씹는다

방문 전 전화 주세요

 경주 최부자집 하루 식객이 이백이 넘었다지, 어마어마하다* 60년대는 아침저녁으로 각설이 같은 거지들이 떼거리로 왔다 갔다 했다지, 어마 무시한 할매가 왕소금을 뿌렸지 때로는 상이용사 갈고리 손과 목발이 서러워 어린애를 울리고 가는 날은 살살이 꽃도 울었지

 엿장수, 대소쿠리, 동동구리무, 간고등어, 칠게젓국, 재첩국, 박물 장사들, 검정 고무신 배 타고 다녔지, 손재봉틀, 곤로, 우산, 양은 냄비. 신기료 기술자들 아주까리기름을 발라 먹는 삼천리 자전거 타고 밀국수를 해 먹었지,

 할부 기간을 넘긴 전시용 문학 전집이 외상값을 외면하고 유효기간을 넘긴 할부 골드 크림이 안면을 몰수해도, 튀밥으로 나돌았던 월수 보험, 이름도 없는 방문객이 낡고 닳은 상술로 문지방을 넘고 넘었지,
 곗돈 순번으로 눈깔사탕 받아먹던 광숙이 엄마는 야반도주로 한 사람 일생을 꽈리에 올려놓고 장마당 길을 십년이나 걸어 다녔지,

초가지붕 벗겨지고 스레이트지붕 골이 깊어 TV가 불침번을 서는 밤, 탁발 비구니와 총각 전도사가 눈이 맞아 미래를 사고팔던 당산나무 아래 여호와 증인 버스가 법정을 이루고 누구를 증인으로 증거를 심었는지 파수꾼을 툇마루 세워놓고 잠들었다지,

 어리어리한 방문객 지금은 다 어디로 갔나, 광대무변의 골짜기 인터넷 빨랫줄에 걸리는 배달민족 깃발이 거리에 난무하다.

 띵~똥 띵 ~ 똥
 똥강아지 꼬리 바닥을 쓸고 가는 저녁
 고독사한 방문객의 유품을 소슬바람이 안고 있다

* 정현종의 시 「방문객」

샛별이 떨어진 안방

동구 밖에서 읍내 전파사 오토바이를 기다렸지
양철 지붕에서 영화필름 같은 안테나선으로
김일 박치기와 유재두 펀치에 화투짝이 살짝 돌아누웠지

주름살 문 넘어 금발미녀와 총잡이를 좋아했던 아버지는
엄마가 고용한 서부의 총잡이와 OK목장에서 결투를 하다
눈총에 맞아 KO다리 건너 전설의 고향으로
떠나는 이무기들의 하소연을 들었지

청실홍실 구멍 난 양말 사이 방안이 점점 좁아지자
연속극에 빠진 여배우들은 수사반장이 찾아갔고
수상하면 신고하라는 마을방송은 수사본부가 대신했지
오렌지 껌을 씹는 누나들은 원더우먼을 꿈꾸며
600만불의 사나이와 펜팔을 하는 방법을 물었지

마루치 아라치들은 화면조정 시간부터 애국가를 불렀고
로봇 태권V와 마징가 Z로 정의의 주먹을 불사르며
휴일이면 전투와 전우를 통해 새마을 운동에 실패한

독수리 오 형제를 모아 그랜다이저를 몰고 떠났지

코끼리를 타고 치타와 맛동산에서 놀다가
말괄량이 삐삐가 나누어 준 달고나를 은하철도 999에 싣고
화면조정 시간에 맞추어 정글북 소리에 잠들었지

TV문학관으로 시집간 누나들이 보내온 편지에는
타잔이 장가를 가고 프란다스의 개가 손자를 보았다네
가족 오락관으로 들어간 서부의 총잡이는
쌍권총을 잃어버리고 버스 기사가 되었다지

늙수그레한 샛별이 독도로 본적지를 옮기고
주름살 펴고 무궁화 활짝 피었다지

퇴비장堆肥葬

화장도 무거운 세상 가볍게 털고 가는

바람이 우는 자리에 바람 든 뼈를 발라서

칠성판에 별들은 숨을 죽이고

녹비로 돌아가는 길

울던 바람만 맴돌고 있다

바람이 불어오는 곳

찬 공기와 더운 공기가 만나면 바람이 생긴다지
차가운 입김과 뜨거운 입김 만나 바람이 났다지
흔들리는 버스 유리창 호호 불어 쓰던 밀어
누구의 입김으로 지워졌을까?
먼저 내린 바람이 옷깃으로 문지르고
다음에 보자는 빈말이 돌아오는 곳

사막의 무풍지대 복사꽃 손수건 흔들어
흔들림을 먹고사는 멍든 바람을 만나
내장을 비우고 미라처럼 모여 사는 곳

서로를 잊어버리는 연습은 하면 할수록 애달프다
바람의 은신처를 찾아 떠나는 정류장에서
365번 버스 잠시 후 도착 문구가 섭섭해
이별을 예고하고 떠나는 바람을 마주하는 곳

통일벼의 꿈

 방앗간 멀어지고 헛간에 들어앉은 한반도 통일 정미기 녹슨 거미줄에 걸렸습니다. 늦가을 햇귀가 시렁에 걸린 무청 시래기 타고 하늘하늘 시멘트 벽돌에 밑그림을 그립니다.

 천수답 나락이 논두렁을 밟고 나락으로 떨어진 지 70년, 올해도 골짝 메뚜기 쌀 한 섬이면 노총각 장가 밑천 탈탈 털고도 남을 씨나락 종자를 매상으로 넘기고 말았습니다.

 자급자족의 틈 사이, 밀양 21, 23호 노래를 불렀던 빈농들이 동진, 일미, 영호진미, 새누리로 갈아타고 햅쌀의 짜릿한 찰기로 거북이 등가죽 지도로 여러 해 동안 밥맛 돋우는 햇살은 없었습니다.

 발로 밟아 돌리던 탈곡기 새롱새롱 힘들지만 다정하게 볏단을 주고받던 발 박자를 잃어버리고 엇박자로 돌아선 지금, 메뚜기 쌀, 어쩌다 한번 도리깨로 두드린 서리태 반쪽들이 마당귀를 잡고 마당을 쓸어봤자, 소나기가 마당을 훔치고 가는 이상기후에 물고랑만 깊게 파이고 말았습니다.

 한반도는 멀리 있고 이팝에 고깃국 먹자던 별똥별은 자

꾸만 떨어지는데, 통일벼 심었던 40년 세월의 허기를 외면하고 보릿고개들은 비만의 뱃살을 두드리며 밥맛을 잃은 숟가락을 어느 세월에 다시 만나볼까요?

  한반도 통일 정미기에서 달달 떨어지는 희고 고운 쌀알들이 등겨를 뒤로하고 고봉으로 쌓입니다. 쌀 한 바가지로 한 가족이 한솥밥을 먹는 일이, 이렇게 힘들어서 어디 쌀농사를 짓겠습니까? 백두야 천지야 눈 비비고 나오너라. 이 밥이 싹이 나기 전에, 밥 한번 먹자.

아라홍련

당신이 오기 전, 칠백 년
눈물 알갱이들을 수면 아래 묻었습니다
물 위에 떠는 것은 부질없는 생각만으로
꽃이 피는 방향으로 날지 않았던 까마귀들
뻘밭에 빠진 깊이만큼 밀어 올리는 꿈은
아주 느린 아릿한 세월의 무게로 잠들었습니다

뿌리에게 전하지 못한 씨앗들의 이야기는
다시는 뒤를 돌아보지 않겠다는 다짐도
물속에서 떠나지 못하는 아물지 않는 상처도
당신의 이름을 부를 수 있는 거리는 아련한데
당신의 꿈속에서 지워지지 않는 꽃이 됩니다

첫눈이 오면 만나자던 성문 밖에서
당신이 사라진 그곳을 찾아
푹푹 빠지는 진흙을 밟고 또 밟습니다
한때 죽도록 그리워하다
죽은 당신을 죽도록 사랑하라고
오늘은 그날처럼 첫눈이 내립니다

이별이 지고 작별이 뜬다 1

이제 가면 언제 또 오시겠어요
흐릿한 천장 모서리에 늘어진 거미줄처럼
어차피 연명이라는 사실을 모르지는 않겠지요
손바닥이 허리에 들어가지 않으면
삼일 안에 작별은 말문을 닫고 걸어가는 길

다붓다붓한 꽃잎처럼 이별이 뜨겁게 정을 떼는
오붓한 그리움의 고삐를 늦추지 못하는 사람들
시나브로 붉어지는 백열등 아래로 돌아가는 길

오래된 기억을 수습하는 사진 한 장이
길고 긴 이별의 꼬리를 잘라 보내며
두 줄기 눈물이 만나는 지평선의 길

이별이 지고 작별이 뜬다 2

밀려왔다 밀려가는 파도의 발자국
술잔을 들었다 놓았다 하는 사이
입술은 입맛을 모르고
달이 당겨지고 태양이 멀어지고
물때를 타고 오는 바람 칼은 울고
새 발자국으로 새긴 밀어들
쓸려간 모음과 자음이
문맹의 어머니를 따라
쓸쓸히 쓸려가는 뒷모습을 보며

간밤에 하고픈 말, 다하고 나면
황홀한 외로움이 빈 병처럼 남아있지
괴로움보다 외로움의 자유는 너무나 슬퍼서
추억을 이슬처럼 마시자고 했던 유행가처럼
한동안 보이지 않는 꽃 등불이 사방으로 터지는데
어젯밤 너에게 닿기 전에 떠나버린
외로움을 견디는 방법을 찾을 길이 없네

연꽃처럼

풀꽃이 시들어도 이름을 불러주면 다시 필 거야
우리가 바라본 꽃들이 우리의 가슴에 남아
칠석 지나 상강을 지나도 그 자리에 있는 연밥처럼

마음을 훔쳐보는 꽃들은 진흙에 빠진 사람들과 한패라서
겸연쩍게 웃던 눈동자 꽃이 피고 지는 것이 새털구름 같아

진흙에도 숨결이 일 듯 색과 공이 바람의 색을 내민다
꽃의 안쪽을 볼 수 있는 마음이 생길 때까지
청결한 허공에 먹구름 모아서
진흙 속으로 깊게 빠져보는 것이다

능소화

 소화야 너는 능히 하늘 속으로 걸어갈 수 있지
 불을 훔친 죄로 수리에게 생간을 바치는 프로메테우스처럼
 생인손을 더듬어 담장 넘어 저승길로 떠난 수막새 꿈을 알고 있지

 소화야 너는 능히 나 없이도 시간의 안쪽에서 온밤을 지새울 수 있지
 간지러운 등짝을 긁어주던 돌담도 새로운 이별을 준비하지

 소화야 능히 칠월칠석을 기약하면 눈먼 눈사람 앞에서
 다정하게 국수나 한번 먹자고 했던 진지한 농담을 기억하지

 소화야 능히 울어야 깊어지는 밤, 사십에 죽은 누이의 꿈을 꾸고
 한 사람이 머물고 간 빈자리에 해바라기 씨앗처럼 남아
 자귀나무잎처럼 마주 보다가 밤을 새워 볼우물을 보았지

〉
　소화야 능히 귀 주름이 치매에 걸려 듣지 못한 사연일랑 내가 죽어 다시 만나더라도 짓밟힌 꽃잎이라고 중얼거렸지

상사화

몸은 몸대로 마음은 마음대로
당신의 얼굴이 뜨거워서 보지 못하는 팔월

마음이 꽃이 될까?
얼굴이 꽃이 될까?

보고 싶어도 보지 못하는 것이
그대 향한 마음이 자라는 무릎쯤 될까?

아서라 보지도 못할 마음을 심어 놓고
얼굴에 언제 꽃피기를 기다릴까?

무전유죄

이것이 감자가 아니라? 분명 감자 맛 인디? "허허, 무시를 그리 무시하면 쓰나? 엄동설한에는 산삼보다 좋다는 동삼을 모르고" "무시를 먹고도 모르면 거기 무식한 놈 아이가?"

그렇다, 무식한 놈은 산삼보다 좋은 동삼을 모른다. 감자라고 먹었던 이것이 무라니? 밤길을 따라온 허기가 허겁지겁 입맛까지 사로잡아 먹었는지? 처음 먹어본 무전을 알지 못한 혓바닥은 무시를 무시했다가 무안을 당했다.

봉화 끝자락 황지로 가는 길목 석포면 대현리, 광부들 사택이 이마를 맞대고 메케한 연탄 내음이 좁은 골짜기를 메우던 곳, 일찍이 무전여행을 떠난 광부는 지금은 어디서 문전박대를 당하고 있는지, 무전취식을 도왔던 광부의 아내도 이제는 무전은 유전이 아니라 개 버릇이라며 한겨울 심장으로 무전을 날리고 있다.

금강역사

 섣달그믐을 바라보며 따닥따닥 지팡이 만수할배 장수탕을 찾는다. 일주문을 들어서듯 허리 굽혀 내민 지폐, 허리춤 벗어나자 흘러내린 양손으로 잡아가는 계단참에 쉬어가는 지팡이도 참선에 들었는지 미미한 숨소리만 거미줄 타고 내려앉네

 허물 벗어 사리탑을 쌓은 자리 해탈도 잠시 잠깐, 적멸보궁에서 쉬어갈까? 도솔천을 건너가서 미륵불을 만나볼까? 칠순을 들어내고 욕탕에 내려앉은 팔순, 육신의 수증기 틀어 회심곡을 불러볼까? 세신사를 불렀다가 천수경을 외어 볼까? 등신불 물바가지 세례로 금강경에 빠져볼까? 아서라 등밀이 한판이면 180초 번뇌 끊고 둥글게 떨어지는 배꼽 때를 부르겠다.

 돌고 도는 등밀이 염불 따라 등허리를 세우는 금강역사, 만수탕은 고요한 새벽을 이렇게 쓰고 있다.

 도로 아미타불, 도로 아미타불

3부

무명시인의 시간

42.195

4: 람이 살아가는 길에는 기쁨도 슬픔도 한 갈래 길
2: 제 끝없는 길 위에서 마주한 당신이
·: 점 좋아지기 시작합니다
1: 겁을 뛰어넘어
9: 도의 길, 발 박자를 맞추는
5: 롯이 헐떡이는 참선은 당신 것입니다

사: 랑이 떠나가면 뛰어가도 잡을 수 없어요
십: 년을 달려도 잡지 못한 파랑새 한 마리
이: 제는 보이지 않는 땅끝까지 달려봅니다
점: 점 타오르는 초원의 불길이 나를 태워도
일: 평생 달려온 길 위에 만난 사람들과 함께라면
구: 십구 세까지 팔팔하게 뛰어 보겠습니다
오: 늘 당신이 뛰어온 길 위에 발자국 꽃, 반짝 피었습니다

뭐시 중헌디 1

시방
꽃피는 소리 들었소
꽃이 피는 소리를 못 듣는 나는
아직도 세상을 모르오
그러기에 오늘도
꽃 같은 인생을 살기는 글렀소

시방
뻥튀기 터지는 소리 들었소
속이 뻥 터지는 소리 말이오
장날마다 터져도
남의 속 터지는 줄도 모르고
막걸리만 조지다가

씨불도 꺼진 줄도 모르고
씨불이기만 하다가
시 팔아
밥 묵기는 글렀소

뮈시 중헌디 2

시방
함박꽃 손뼉치는 소리 들었소?
피고 지는 꽃이 환장하는 소리를 못 들었소?
그랑께 박수받으며 살기는 글렀소

시방
진달래 자궁 속으로 들어간 꿀벌 보았소
달빛을 잘라먹고 꿈길을 걷고 있는 반딧불이 보았소
꿈속을 깨물어서 새벽이 오기 전에
속마음을 털어놓고 잠들기는 글렀소

시방
변방에서 달려오는 북소리를 들었소
휴전선이 아니라 전립선이 문제라는 것을 몰랐소
전쟁은 전생에 끝난 죽은 자들의 잔치였소
우리가 사랑한 지천명의 맹세는 죽은 아이들의 얼굴이었소

감정 초본

죽은 감정을 감추려고 무인 발급기에서 초본을 발급한다
살아온 날보다 살아갈 날이 낱장으로 지문을 찍는다
두 장도 안 되게 살아온 과거가 한 페이지를 잡고
낯선 자연인은 최근 5년 이후 흔적은 선택으로 지운다

어설픈 풋사랑이 이사 간 골목 서성이던 검은 감정들
지금도 찾을 수 있는 빌미를 제공하는 초본의 단서
그때를 보는 마음이 번지수를 찾아가는 시간
숨겨둔 감정의 손금을 보여 줄 때가 다가오고 있다

첫사랑과 끝 사랑의 계절은 짧아 여벌 옷은 필요치 않아
날마다 흔들리는 감정의 시계추가 시침을 돌려놓고
잃어버린 시간을 기억하는 과거의 꼬리를 잘라도
하수구로 빨려가지 않는 감정의 찌꺼기

봉충다리를 끌고 굴곡진 생활전선을 따라
유통기간이 지난 감정에 휘둘려 보는 거다

소나기

보리누름에 잃어버린 우산이 찾아왔다
다시는 찾지 말라고
나는 잃어버린 우산은 찾지 않는 것이
납작하게 눌린 돼지머리 영업 비밀이라고 살며시 돌려주었다

장마전선이 오르락내리락할 때 양산이 찾아왔다
눈물 가리는 우산 있으면 빌려 달라고
나는 서쪽에서는 비가 와도 우산을 쓰지 않는 것이
예의라고 넌지시 발걸음을 돌려주었다

내 우산이 되어준 납구름이 칠석날 일기를 예보했다
비 오는 날에는 밖에 나가지 말라고
나는 우렛소리 동반한 소나기 흠뻑 맞으며
낙숫물 손바닥 간지럼 태우며 우산을 빙빙 돌려주었다

절박

우리 이젠 절박하기로 해요
오래된 숙박부를 뒤지는 순진한 변명은
절절하지 않으면 묻어두기로 해요

똥줄이 타는 여인숙 뒷간을 찾아가는 일이 어디 쉬운 일인가요
납작 엎드린 자세로 이마 찧기로 피라도 보면 비박은 면하겠지요
살다 보면 나쁘지 않은 속박에서 벗어나
숙식 제공 가능한 민박을 만날 수도 있고요

절만 잘해도 몸뚱이 면박은 면하고
해우소 똥 덩어리 잡고 숙면할 수 있다면 피박은 면하겠지만
일주문에서 만난 우린 서로를 몰라보는 사이
결박에서 벗어나 단박에 죽을 수도 있습니다

절도 밥도 못 하는 늙은 그림자가
무엇이 절실한지 절댓값을 물고갑니다

⟩

절로 나고 절로 늙어, 절박하게 물든 단풍

오늘은 이 길로 가야 하나 아님, 저 길로 돌아가야 하나
발걸음이라도 절실해야 절밥이라도 한 끼 묵을 낀데
내일은 박복한 이마라도 찢어 절약이라도 복용해야 하나
잘박잘박 고무신이 쪽박을 차고 친절한 절박으로 떠납니다

전자레인지

돌려야 합니다
머리가 띵 하도록

돌아야 합니다
지구 열두 바퀴만큼

들어야 합니다
수저는 시시때때로

기다려야 합니다
잠시 후 도착하는 늦은 별처럼

잦은 음주로 얼굴 반찬 재우고
한 끼의 양식이 가득 찬 사각의 공간에서
비행운을 따라 돌아가는 밥그릇 여행

미리내를 건너는 식탐가들
조각보가 수놓은 수많은 얼굴을 기억하는지
어둠에 기대어 밥때를 기다리는 꽁지별은 꼬리를 감추고

아침과 저녁이 맞물려 겸상은 엄두도 못 내는 꼬마별

과식한 블랙홀이 목이 메어 까막별을 토해내는 밤

잃어버린 얼굴을 찾아서

사건의 지평선에서 생각이 많이 나겠지요
시시때때로 몰고 오는 것이 비구름만은 아니죠
블랙홀같이 깊이 빨아들이는 슬픔을 숨기는
방법을 모르는 당신은 머리를 숙이세요

차가운 심장의 박동수는 멈출 수 없는 속도일까요?
손끝에 파문을 일으키는 주파수는 36.5㎐일까요?
무중력 한 하루는 무수한 전파를 타고
낙차 큰 변화구로 떨어지는 타자를 잡을 수 있다면
깜박거리는 신호등 눈동자는 어둠을 잡을 수 있습니다

봉선화 꽃물 들이는 밤에도 수많은 길들 위에
짜깁기한 나의 유전자는 말라버린 입천장에 묶인 채
어두운 방의 주파수를 찾아서 숨을 죽이고 있습니다

신의 저울은 한쪽으로 기운다

 갑오개혁은 "고리백정 철 지난 옷을 입은", "갓바치 피장이 내일 모래", 차일피일 일천구백이십삼 년에 태어났다.

 소 울음소리가 골짝마다 안개처럼 번져갔다. 질경이를 밟고 가는 새벽이슬이 축축하게 비틀거렸다. 장맛비로 피천은 넘쳐나고 고리버들은 물살에 허리춤을 추었다.

 소를 잡는 징검다리 건너편 빨래하는 아낙은 무릎이 젖어있다. 패랭이를 쓰고 가는 남정네들 가랑이 사이로 수평 잡는 워낭 소리가 까마득했다.

 평형을 구하는 방식은 어느 한쪽도 기울어지지 않은 형편을 잡고 자발적으로 일어났다. 양팔을 벌려 균형을 맞추는 물지게 같은, 그림자가 저울추처럼 흔들거렸다.

 숫기가 없는 사람들 소가죽을 발라먹고도, 거죽에 핏기가 없다.

Who am I

　내가 아는 나는 누구인가? 모르면 모른다고 해야 하는데 내가 아는 네가 나에게 알려줄 수 있는 터무니없는 정보는 오타 주의보였다.

　나는 흘려 쓴 편지보다 눈물로 쓴 편지를 더 잘 읽는다. 소리 내어 울어주기만 하면 되니까.

　나는 하필이면 그때 거기에 있을까? 생각하다 그때 나 아니면 누가 나를 대신할 팽나무가 없다는 것을 뒤늦게 알고 누구를 나무랄 수 없는 핑계를 만들었다.

　나는 우연이나 필연, 악연이라도 인연에 이끌려 나밖에 없는 꿈속에서 세상의 눈치를 보며, 주머니 속 체면을 구겨 넣고 만지작거리다 꿈에서 꿈을 파는 개꿈을 사주했다.

　나는 흘러가는 물이다. 방향을 잃어버린 적은 있지만 머물러 있던 적은 없다. 그래서 슬픔도 쌓여있지 않고 낙숫물처럼 떨어져서 울었다.

〉

  나는 어설픈 이발사다. 내 머리에 물을 주고 기른 웃자란 머리카락을 가위로 뿌리까지 자른다. 근심 초 두어 포기, 무심 초 서너 포기 남새밭에는 잡초만 무성하지만, 내 머리맡에 빛 좋은 개살구는 뿌리 끝에서 꽃이 피고 있다.

  나는 유명한 무명 시인이다. 잘못을 빠르게 시인하는 죄인이 되어 종신형을 받더라도 세상의 가려움을 긁어, 한 줄 시로 끝까지 밀고 나아가는 것이다.

내 통장이 영원이 되는 동안

부채가 늘었다
아내는 따로 사는 게, 당근마켓이라며 쌀값을 팔러 갔다
나는 쿠팡에서 엑티브 스피커를 3개월 할부로 샀다
아내가 화가 나서 컵라면을 집어 던지면서
라면 뚜껑에서 스피커를 울리는 울림이 찌그러지기 시작했다
마이크 없이 울리는 스피커 잡음의 부스러기가 무수히 떨어졌다

나는 전자레인지에 찬밥을 돌리며
온 세상이 이렇게 웅성거리며 잘 돌아가는 줄 몰랐다
불만, 불손, 불순, 불온, 불평, 불행은 사람들의 상식
그 밥을 먹고 닥치면 무엇이든 할 수 있지만
주식이 쌀밥이라도 숟가락이 있어야 바닥을 두드릴 텐데
현재가 현실을 외면할 수는 없어서
장고 끝에 악수를 두는 나는 국밥이라도 말아야 하는데
내려앉은 어금니 사이로 자리 잡는 김치 쪼가리
계산하지 않은 기꺼움에 몰래 지은 죄가 들킬 것만 같다

장터 국밥은 처음부터 따로국밥, 나도 처음처럼 따로국밥
 선지 멍멍한 건더기 건져놓고 텁텁한 탁배기 눈치를 살피다가
 단숨에 들이켠 양푼이 잔에 풋고추가 말간 눈물을 흘리고 있다

 따로 마신 술과 따로 먹는 밥에 따로 먹은 나잇살에
 로또명당 경화 슈퍼에서 혹시나 하는 끔찍한 요행을
 따로 바라는 불길한 욕망이 솔직하게 균형을 잡는 밤
 간절하지도 않은 얄팍한 주머니가 오천 원을 부채질하여
 늘어난 부채가 합죽선 되어 바람 한 채 잡고 있다

내게도 복날이

 복날 개가 몽둥이로 맞는 시절 그 시절 사이 채송화 피었다. 흙담집 제비는 떠나고 늙은 고양이가 빈집을 지킨다. 개살구에 늘어진 검버섯 주름이 쪼그라들어 여름을 펼쳐놓고 있지만, 잇몸 내려앉은 비구름을 날마다 배달해 주는 얼음주머니는 소나기 양철지붕을 뼈아프게 때리듯이 울음의 주문서를 흘려 쓴다.
 초년 복은 개나 주라던 단골네 주술이 아직도 벌레 먹은 복숭아마냥 물커덩 해지는 중년이 오면, 그놈이 그놈이고 그년이 그년이라던 작두 보살이 삼지창에 통돼지를 세우는 날, 서슬 퍼런 작두는 죽고 죽은 돼지 살아나서, 말년에는 뜨신 밥 먹겠다는 점괘가 중복을 넘기지도 못하고 무지개 길 걸었다.
 철쇄개금이라 했던가? 천라지망이라 했던가? 비빌 언덕도 없는 인간은 어디를 가든 아침노을을 담지 못한다.
 지는 해를 배웅하느라 일찍 닫아버린 말문이 한 벌밖에 없는 말복을 입었다가 벗지도 못하고 사라지는 미래의 난간에서 괴강살을 태우고 있다.

월중 계획표

 마주 보는 벽이 있습니다. 챙겨야 할 것과 기억해야 할 것을 따로 구분은 하지 않았지만, 계획은 차질 빚고 어긋한 약속처럼 빈속을 채워주는 메모는 쓰지 않았습니다.

 마주 보는 벽과 벽 사이에 넘어야 할 벽이 있습니다. 쓰고 지우고 가는 것이, 일상이라지만 내일처럼 비가 내리면, 오늘 하루는 첫술에 배부른 첫사랑을 바라지 않기로 했습니다.

 긴 하루가 끌고 가는 짧은 한 달이 흑백의 문자로 채워질 때, 칸칸이 채워진 그림자를 밟고 간다는 것은 다행입니다. 준비된 비고란 참고하시면 돌아오는 빨간 미래는 없는 것으로 하겠습니다.

본능적으로 삐딱하게

 목이 좋으면 목숨이 오래간다는 말, 들어봤니?
 목소리 좋으면 거짓말도 달짝지근하다는데 들어봤니?
 목소리만 큰 것들은 알고 보면 개털이라는데 알고 있니?
 목이 없는 것들은 다리도 짧아 땅바닥이 편하다고 하는데 알고 있니?
 목구멍이 포도청이라는 핑계는 공동묘지가 상가로 재개발되었다는데 알고 있니?

 목구멍이 좁은 인간들이 좀 더 잘 살아보자고 이마를 맞대는 순간
 목숨을 담보로 앗싸 호랑나비 한 마리 거미줄에 걸리는 거다
 목숨을 걸고 싸우는 짐승들처럼 목숨을 키우는 사람들 바우덕이 줄타기다
 목구멍이나 똥구멍이 X이거나 Y일 때 돈줄은 평행선으로 달리는 거다
 목구멍에 걸린 Z가 씹지도 뱉지도 못하는 기생충 누명을 쓰고 뒷간으로 가는 거다
 목숨 길게 숨 짧게 쉬고 아등바등하다가 10% 선금을

걸면, 엎지른 물 퍼담기다
  목이 빠진 골목에서 20% 할인 행운 팔다 보면, 행복은 바닥을 치는 거다
  목이 좋은 골목에서 쌓이는 연체이자 담장을 넘지, 인생이자는 거덜 나는 거다
  목숨이 짧은 신용등급 끌어안고 달래봐도 경쟁력은 경제적으로 추락할 거다

  모가지가 짧아 슬픈 짐승들이 대가리를 처박고 하루를 반납하고
  뿔 치기로 생의 진퇴를 산양처럼 벼랑 끝에 서보는 거다

  오! 신발 끈들아! 쉰내 나는 목소리 듣고 있나?
  개뿔도 쥐뿔도 없이 삐딱한 뿔 하나 믿고
  내 모가지를 걸고 거미줄 당기는 힘으로 목숨을 거는 거다
  오! 이런 시발, 不 可, 不 家

뺑뺑이

 계절은 쉼 없이 돌고 도는 릴레이 경주다. 언제부터 시작했는지 관중도 함성도 없이 눈만 뜨면 누군가에게 자동으로 연결되어 중계된다. 끝없는 전쟁과 끝나지 않은 경기가 어느 지점에서 만나게 될지 끝날 때까지 기다려 보자는 관중은 선악과를 훔쳐먹고 있다.
 행성을 닮은 트랙은 주로가 정해져 있다. 바통의 저주가 사라진 경기장에 시치미를 모르는 전광판 시계와 팔짱을 끼고 관중처럼 무덤덤한 심판들이 초시계를 내려다보고 있다.
 초겨울 간절기를 때우는 24시 편의점이 불편한 졸음 쫓아 새벽으로 달려간다. 늦잠으로 서리를 맞은 철새와 겨울에도 꽃을 피우는 철쭉은 달력의 속도를 따라가지 못한다. 트랙은 팽팽하게 태엽을 감았다 풀어놓은 거울 속으로 늘었다가 쪼그라드는 주름살을 태우는 태양이 앞뒤로 흔들리기 시작한다.
 지구의 자전 속도는 적도에서 1,660km이다. 태풍과 폭우는 누군가의 발자국을 따라왔는지, 가뭄과 미세먼지는 누군가의 숨소리를 따라 한 걸음 한 걸음 길이 되었다. 돌고 도는 경기장에 계절의 바통이 손에서 떨어지지 않는다.

| 4부 |

한 박자 쉬고 세 박자 울고 가는 시간

발칸의 장미

점점 늘어나는 대기표 같은 물음표
전쟁은 나이도 모르고 누군가를 죽이는
알을 낳고 두려움에 둥지를 찾지 못하는
어미 새의 암흑의 시간은 시계를 모르고

상처투성인 도마나 칼집은
칼잡이를 모르는 가까운 사람에게
너무나도 투명해서 보이지 않는
눈물 뼈를 재빨리 포장해서 보냅니다

모든 슬픔은 속옷과도 같아서
겹겹이 껴입은 옷들을 벗어버리고
벌거벗은 상태로 태어나는 꿈을 꿉니다

메주

밟으면 뭉쳐집니다
국민일까요? 민중일까요?
밟으면 뿌리 뻗는 잔디는 골프장일까요?
동서남북 네모난 세상을 꿈꾸는 건 희망일까요?
모나게 굴러온 돌을 동글게 굴리는 건 바람일까요?

앞뒤 없고 좌우가 없으면
메주는 만들 수 있습니다

뭉쳐지는 힘엔 뜨거운 거품이 있습니다
팥죽이 새알을 낳는 일과 비슷합니다

무너지는 건 초가집일까요?
아궁이에 불을 붙이면
몇 년을 묵은 그을린 장작더미에도 꽃이 피기 시작합니다
새마을 운동으로 다져진 낮은 굴뚝은 헛기침으로 종을 울리고
솥뚜껑 틈새로 미끄러지는 콩물을 반깁니다

언제나 뜨거운 것들은 멀리서 보아도 눈물이 납니다

반듯한 메주는 뭉쳐야 산다는 건 콩깍지일까요?
팥으로 메주를 쑨다, 라는 말은 노란색일까요?

메주는 원래 방아꽃이었습니다
보라색으로 물든 사랑을 해본 경험이 있습니다
몇 번 새들과 바람을 피워 본 내력도 있습니다
어떤 소문들은 연기 색깔에 따라 막장까지 가곤 합니다

머리에 하얀 지푸라기 이끼가 낄 때까지
다리에 파란 새싹이 다시 돋아날 때까지
발뒤꿈치로 네 귀퉁이 끝을 잡고
처마 끝에서 모가지를 걸고 새벽을 기다려 봅니다

꿈에 보았던 꿈들

 날개 없이 뛰어내리는 꿈은 키가 더는 자라지 않는 불면의 밤
　창문 너머로 만져 본 꿈을 개복숭아 한쪽 귀로 엿듣는 시간
　꾸물거리는 달그림자를 외계인들이 수신할까 봐
　꿈속엔 동그란 빵으로 만들어진 집과 굴뚝 과자를 비스듬히 세우고

　고등어 한 마리 기왓장에 고래가 되어 돌아눕지 못하는
　이건 고래가 꿈꾸는 고등어는 아니냐 더더욱 귀신고래는 아니냐
　소리쳐 봐도 아궁이 짚불은 사그라지기 시작했다

　사임당 얼굴을 만지면서 이건 꿈이야 분명 꿈인데
　악착 보살같이 은행 주머니에 매달려 경매를 보는
　황금에 눈먼 꿈들이 낙찰된 지폐를 세는 동안

　떨어진 달빛을 줍고 갈까? 밟고 갈까?

꿈을 지우개로 쓱쓱 지우고
다시 잠을 잔다
지우개 똥이 머리맡에 쌓인다
이제 똥 꿈을 꿔야 할 텐데

착하지 아가
잠들지 말고 꿈만 꾸렴
꿈속에서 귀신고래가 울어도
보지도 듣지도 말고 향긋한 똥 꿈을 위해
착하지 아가

동전 인생

용궁사 연못에 절구통 부처가
디딜방아를 찧고 있다

하루를 십 년같이 살겠다고 다보탑을 쌓고 가던 보살들
충무공이 던져 놓은 그물에 걸려 백 년쯤 살다가
오백 년 기약하며 갈매기 물고 가는 물때표를 묻는다

수심은 오늘인데 인심은 내일이라
물의 아가미에 밀어 넣는 물욕은 무죄라서
수중에 없는 복을 찾아 동전 한 닢 수중 삼매

퐁당퐁당 뛰어내린 전생이 가라앉기도 전에
빈 주머니 속에서 만지작거리는 단단한 물방울 하나
수없이 뛰어내린 동전의 다리가 둥둥 부어오른 하루

씁쓸

요즘 내가 즐겨 먹는 술은 씁쓸하네
씁쓸한 상상만으로 그리움의 손목을 그어
첨잔이 넘치도록 혼술은 다정다감해서
물컹한 추억 한 장 오지랖을 넘어서네

사소한 부탁 하나
쓸쓸과 씁쓸을 말아 주시면
쌀쌀한 꽃무덤 하나 덮어 주고 가는
살 다듬이한 포실한 수의를 달의 뒷문으로 가서
애걸복걸 외면하지 않고 풀 다듬이 해서
달콤한 꿈을 꾸는 나는

철없던 푸른 날을 습습히 떼어 주고
실패한 사랑의 고삐를 끌어당겨
어제의 씁쓸함과 내일의 쓸쓸함을
쓸어 담은 술잔이 서쪽으로 기우네

잠들지 않는 섬

저렇게 속 좁은 바다에 용들이 미치지 않고서야!
한없이 많은 고요의 알을 낳을 수 있나?

태초에 황홀하다는 것은 아름답지 않아서
헤아릴 수 없는 섬들이 몸 둘 바를 모르는
솟아오른 것이 섬이라면 그것은 거짓말
섬은 금방이라도 부풀어 올라, 안길 것 같은 연인
섬 안에 섬이 있어 하늘은 열리지 않고
바다의 굴을 뚫고 둘러싼 하늘 아래

하롱하롱 해무는 뱃사공의 시름을 아는지
소양강 처녀를 불러주는 하노이 총각 애만 태우는
삿대로 용의 등을 밀어 올리는 물길이 잔망스럽다

천천히 잠기는 섬들 아래 눈동자에 잠기는 흰 구름
까치발로 올려보던 천국의 계단참에서 쉬어가는 물빛
물마루가 보이지 않는 잠들은 잠룡들 여의주를 감추고
몇천 년을 살자고 섬 마루마다 역린의 비늘을 세우고
있다

도시락道詩樂 1

아버지의 그림자를 밟고 가는 도둑고양이
잃어버린 길 찾아 떠나는 새벽종소리는 에밀레
내려가는 순서는 없다며 미안해하지 말라는 미나리가
댓바람부터 오지랖을 넘어서 빛을 파는 파라솔은 뜨거워

어중간한 위치에서 중간만 하기도 솔직히 힘들어
나이는 속여도 세월은 못 속여서 불안한 라온하제
시간도 돈도 없는 사람은 시치미를 반납하고 시발택시 불렀지
오늘 돌아오지 못하는 소풍을 떠나는 도시락은 개차반

도시락 2

　　도 는 죽을 맛
　　　레 시피 없는
　　　　미 완성 인생
　　　　　파 란 매생이
　　　　　　솔 찬히 맛있어
　　　　　　　라 떼는 라이브
　　　　　　　　시 원 습습히
　　　　　　　　　도 로 묵 인가
입춘 지나 도
　떡국 먹어 레
　　내 닮은 올빼 미
　　　아픔 잊고 파
　　　　문학은 진 솔
　　　　　뼈속까지 쓰 라
　　　　　　내 시는 삼류 시
　　　　　　　그래도 읽어 도

도 대체 알 수 없는

　레 퍼토리 없는

　　미 주알 인생

　　　파 스텔 청춘이

　　　　솔 로 지옥에서

　　　　　라 면이 울어도

　　　　　　시 한 수 울리고

　　　　　　　도 사리는 내차지

그대가 미워 도

　잊지는 않을 레

　　곰삭은 동치 미

　　　한 사발 먹고 파

　　　　함께한 식 솔

　　　　　이제는 떠나 라

　　　　　　사랑이 잠 시

　　　　　　　머물다 죽어 도

도시락 3

아직도 꿈꾸지 않은 그대는 몰라도
꿈길에 보았던 도가도 비상도*

올레 갈래, 믿고 가는 미래는 겉치레
절레절레 흔드는 고시 레는 손사래
동지섣달 홀로 지샌 밤은 짧아서 아흐레

미지로 떠나는 여행에 미치지도 못하고
미안해하지 말라는 지못미를 미치게 하는 백치미

고비를 넘어서는 칼바람이 전하는 말
양파보다 매서운 황혼 한파를 폭파하고

솔직히 말해 힘들어도 오늘 했던 말을 주워 담아서
직간접적으로 사과해도 군불 연기는 여전히 솔솔

라떼는 말이여 막말 한 말이면 십 년은 놀고먹었지
고만고만 있어라, 돌고 돌아라, 아서라 말아라

〉
속으로 시발 시발하면서도 시시하게 살기 싫어서
시시때때로 시들지 않은 시어를 찾아다녔지
세상을 바꾸는 것은 꿈이 아니라 샘물이라서
아무도 모르게 숫돌을 살포시 갈았지

도저히 참을 수 없는 물음표들이
오선지를 물고 늘어져도 도돌이표 없이 가는 세월
그래도 이리저리 도리를 살펴 가며 살아도
돌아오지 않는 도가도 비상도

* 道可道非常道

악연樂緣

인연은 예측할 수 없어 비 맞은 햇살이
당신에게 흘러가는 과거를 상상해보는 나는
콧노래에 묻어 놓은 발 박자를 놓치고
유통기간이 희미하게 지워진 얼굴들과
따뜻한 피를 식히며 까칠한 네 박자를 밟는다

음치, 박치가 눈칫밥은 먹고는 사는지
십시일반으로 들어낸 살피지 못한 옥타브
S의 입꼬리에 홍염살이 있어 말년에는
외롭지는 않을 거라 침을 발라 애원해도

허기로 채워진 공수표 같은 Memento Mori
겹겹이 쌓여온 속울음을 둥글게 말아 쥐는 Carpe Diem

오선지마다 얼어붙은 얼굴들을 반음으로 처리해도
삐걱대는 음 이탈로 이음줄을 갈라놓은 시밀레*
어리숙하게 라~떼라는 애드립을 치고 가는 밤

너와 나 사이 불어 재낀 악연의 꼬리를 잘라

현실을 배반한 붙임줄로 S의 목젖을 열어
난청을 앓는 당신에게 다가서는 입김만이
기적처럼 아슬아슬하게 도착하는 쉼표

손가락이 간지러워 잠들지 못한 못갖춘마디가
반 박자 느린 속도로 도착한 스물다섯 구멍을 열어
내 안 가득 차오르도록 숨소리 하나로 끝내는 절정
지금 나를 울리는 S여 살살 살아 주세요

도돌이표 같은 악연을 고쳐 부르고 싶은 밤
바짝 달아오른 S를 안고 침묵의 팡파르를 울린다

* 시밀레(simile) : 이전 마디에서 연주했던 동일한 방식으로 계속 연주

허튼소리 명태가
   - 판소리 풍으로

 함경도 명천군에 사는 어부 태 서방이 잡은 고기라 해서 명태라 부르는디, 이놈이 뭐시 그리 유명한지 부르는 것이, 천차만별이니, 삼천갑자 동방삭이도 놀라 받아쓰기를 하는디.

 갓 잡은 명태 생떼 같아 생태, 잡아서 얼린 것은 동태, 봄에 잡은 것은 춘태, 가을에 잡은 것은 추태, 겨울에 말렸다 녹였다 반복하여 말린 것은 황태,

 황태 되려다 따뜻해서 색이 변한 것은 흑태, 건조하다 떨어진 놈은 자연유산 낙태, 황태의 다중생활이 잘못되면 파경을 맞는 파태, 하이구

 단기간 열을 사용하여 말린 것은 북어, 대가리가 떨어진 놈은 무두태, 한 달 동안만 천막을 치고 말린 짝태는 보지도 못하고, 얼지 않고 말라버려서 딱딱한 깡다구 좋아 깡패같은 깡태,

 덕장이 너무 추워 허옇게 말라버린 백태, 육질이 흐물

흐물해진 찐태, 속살이 부드럽지 않고 딱딱한 놈은 골치 아픈 골태, 내장을 빼지 않고 통마리로 속이 꽉 찬 붕태는 얼러리온,

새끼명태는 애태, 다 자라지만 작은놈은 왜태, 산란 후 잡은 명태는 꺽태, 산란 전에 잡은 명태는 난태, 낚시로 잡은 놈은 조태, 그물로 잡으면 망태, 옳구나

늦봄 마지막에 잡은 명태는 막물태, 일 태부터 십이 태까지 있으니 많기도 하다 게다가 그 속과 껍데기는 차고 넘치니 얼쑤!

내장 빼고, 반쯤 말린 코다리, 알은 명란젓, 창자는 창난젓, 껍데기는 튀각으로, 속초의 명물 티각태각 명태 식해까지, 원산까지 가보자

동해 물이 마르고 말라 명태는 어디 가고, 근태 좋은 안서방이 권태를 쓸어 담고 온몸으로 먹태포를 씹는 밤, 오물오물 잘근잘근 마른침을 삼키며 형광등 멍든 초장이

눈물을 찍어 먹튀 먹튀, 눈을 감고 튀어라

 노가리는 포슬포슬 세상은 나가리로, 말 많은 놈 노가다 보내 놓고, 일 없는 놈 노가리 까면 이번 판은 아사리 판 명태 아랫도리 안주에다 퀀커니 잦거니 명퇴의 술잔들이 하루살이로 남는 밤, 돌아와라! 명태야 보고 싶다.

 하늘이 말리고 사람이 거둔다. 명~~~~~~태

네팔 상회

고독도 많이 먹어서 허기를 면한다면
얄팍한 컵라면은 뚜껑을 열겠습니다

억장이 무너진 칠흑의 갱도나
보물선이 침몰한 진창의 바닥이나
허물이 무너진 건물의 밑창이거나
산사태처럼 떠밀려 세상 끝으로 밀려날 때
크레바스 자국이 빙하의 골짜기로 묻힐 때

만년설 형량을 줄이는 거미줄 햇살이
감량을 모르는 고독의 무게를 걸고
네발로 찾아가는 네팔 상회

우리들의 천국

시간의 외투를 잘 챙기세요
허리를 구부리면 채송화 같은 그리움을 만나고
비에 젖은 강물을 말리는 시간, 우엉 뿌리같이 깊이 박힌
괴로움을 견디는 시간의 빈자리를 찾아야 합니다

심드렁한 심장의 주파수는 달의 주기일까요
손끝에 파문을 일으키는 주파수는 매일매일 바닥일까요
살갗을 스치며 떨어지는 변화구를 찾아야 합니다

돌절구에 심장을 찧어 눈물로 찾아가는 밤에도
자투리 같은 나의 본적지는 말라버린 콧구멍에서
콧잔등 시큰한 이별의 종착역을 찾아가고 있습니다

눈물 왕국

눈물 왕국에서 황제로 살고 싶다
울지 않은 백성은 성 밖으로 추방하고
조석으로 곡비를 대동했던 선대왕들처럼
의전 회의는 대성통곡으로 까마귀 떨어지게 하고
까마귀 울음 속으로 날아가는 세월은 뒤로하고

눈물샘이 마르지 않도록 옹달샘 주리를 틀어
달이 뜨는 날이면 눈물바다에 돛단배를 띄우고
눈물이 마르지 않도록 눈을 감은 봄 바다에

눈물 왕국에서, 웃음꽃 피는 날에는
해도 지지 않고, 달도 뜨지 않고
새들도 날지도, 울지도 않을 것이다

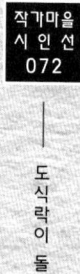

작가마을 시인선 072

도식락이 돌아오는 시간

안창섭

5부

심장에 문장을 새기는 시간

점심 생략

點心, 점점 짧아진다
점점 점을 찍을 수 없다
컵라면을 기다리는 지하철에서
스무 살의 한 끼가
허기로 점점 채워진다

省略, 이번 생은 생략하기로 해요
살고자 하는 자여
죽기 살기로 살려면
하루쯤은 생략하기로 해요

4월의 火印

비가 후드둑 가락으로 땅을 치며 운다
어제 온 비도 눈물이 고여 흘러가지 못하고
너의 작은 방에도 골목길에도
가득히 쌓이고 쌓인다

기적을 믿으며 사실을 외면하고
돌아선 포구마다 포궁으로 떠나는 노랑나비

세월은 사월의 상처를 아는지
해마다 파도처럼 밀려와 발목을 부여잡네
천 개의 눈을 가지고도 볼 수 없는 불도장을
바다 깊숙이 꾹꾹 눌러주고 간다

부모님 전 상서

 아버지, 어머니 전선의 봄은 70년이 지나도 그 자리에 진달래 멍울멍울 피었습니다. 어머니, 아버지 고향 뒷산에도 산벚꽃 흐드러지게 피었겠습니다, 보리밭 노고지리 높게 울어 탱자꽃도 피었겠습니다.
 아버지, 어머니 이제 돌아가고 싶습니다. 따뜻한 어머니 품이 아니라 생사를 같이했던 전우의 곁으로 돌아가고 싶어서, 조카들 입속에서 저의 흔적을 찾고 있습니다. 멀어진 사촌과 가까운 8촌까지 돌고 도는 강물의 피를 물려받은 졸참나무 잎새마다 도토리묵을 싸고 있습니다.

 아버지 제발 저를 찾아 주십시오. 이제 꿈속에서도 어머니가 찾아오지 않습니다. 집 떠난지 70년 아버지도 저를 찾아 떠돌고 있겠지만 저는 뜨거운 햇살에 눈이 멀어 고향 가는 길을 잃었습니다.
 어머니 이제 저를 제발 찾지 마십시오. 어머니가 저를 얼마나 애타게 찾고 있는지 천지가 알고 있습니다. 읽지도 못하는 편지가 낙엽처럼 이렇게 많이 쌓였는데 어머니 이제 저를 제발 찾지 마시고 잊어주십시오.

A 특공대

 A 특공대를 아시나요?

 군복도 군번도 없이 무명바지로 전선을 누비던 지게 부대, 지게 다리에 실린 전쟁의 무게를 전생의 짐으로 지고 온 A 특공대, 낙동강 전선에서 피의 능선에서 오직 지게 작대기에 의존했던 지게의 전설은 사망 2,064명, 부상 4,282명, 실종 2,448명 기록으로 남아 눈부시다.

 살아남은 자의 귀향길엔
 종군기장, 징용 해제 통지서, 갈잎 같은 승차권 한 장

 지게 다리처럼 짧았던 A 특공대
 꼭 기억해야 할 이름 없는 영웅
 과거를 모르는 능선과 고지들
 지게를 배신한 조국의 등을 떠밀어
 잊지는 말자! A 특공대

와락

  와락, 거머리 같은 슬픔을, 다이아몬드 목걸이처럼 걸고 다니면 얼마나 좋을까?

  와락, 쏟아지는 눈물을 술잔에 받아 놓고, 눈물 꽃이 되기를 기다리면 어떨까?

  와락, 내 그림자가 내 품속으로 달려오면, 내 발은 누굴 밟고 지나갈까?

  와락, 지나간 일들이 꿈이었다고 머리를 스칠 때, 잠에서 깨어나야 할까, 말까?

  와락, 태풍처럼 내일 지구의 종말이 오면, 미선나무를 위하여

  와락, 당신의 모든 슬픔이 사라지기를 기원해야 할까, 말까?

도요새

 탕! 어디서 날아든 새소리인가? 정체를 알 수 없는 새소리, 탱자나무 숲에 숨어 울던 굴뚝새인가 파랑새인가? 내 눈에 보이지 않은 새는 날아갈 수 없다. 떨어지지 않는 잔나비를 찾아 떠나는 길, 새는 갈 곳도 모르면서 날아서 간다.

 새들의 적은 새, 물고기의 적은 물고기, 사람의 적은 사람, 동족끼리, 부부끼리, 형제끼리, 자매끼리 적과 동침으로 적을 낳고, 적의 약점을 기습하고 헐뜯고 부수고 새로 짓고, 전쟁은 전쟁을 낳고, 종교는 또 다른 종교를 만들고, 짐승은 새끼를 낳고, 사람은 아이를 낳아 도요새를 만든다.

 이것은 숨바꼭질 놀이로 끝나는 손쉬운 술래잡기가 아니다. 적어도 도요새를 잡는다는 건, 한 마리 도요새는 새가 아니라 세상이다. 미래의 나뭇가지에 지붕도 없이 집을 짓는 일, 전장에서 일어나는 변화에 대응할 수 있는 효과적 최신의 인간 병기를 최상의 가성비로 이미 기울어진 저울질로, 인명이 경시되는 현대의 주요 표적은 도요새만이 아니다. 무엇을 위하여 잊어버린 영웅을 선별적으로 저격하며, 우리 동네 키다리 아저씨 집 담장을 낮게 하여 전 세계가 하나 되는 작전을 능동적으로 수행하고 있는가?

 도요새는 적의 전투 의지를 풀잎처럼 흔들리게 하고, 가까이할수록 눈앞의 적의 찬 눈동자가 눈앞에서 춤을 출 때, 모르는 자유는 얼마나 황홀한지 한 발의 총성이 또 다른 자유를 찾아 전장에서 피는 꽃이 핀다. 탕, 탕, 탕.

불조심하시렵니까

 로지풀 소나무와 뱅크스소나무는 씨앗을 맺은 후 10년이 지나도 발아력을 상실하지 않는 이런 나무를 아십니까?

 나무는 산불에 약한데 이 소 같은 소나무는 산불을 만나야 비로소 씨앗을 퍼트릴 수 있다니, 상식을 홀라당 태워 지식을 몽땅 재로 만들어 버리는 이런 나무를 나무랄 수 있겠습니까?

 오직 산불을 기다리는 시간, 산불은 축복이오, 오고 가는 단비는 재앙이니, 자나 깨나 불조심은 누구를 위한 기도입니까?

 자신을 태워, 새로운 씨를 만드는 불만 필요한 나무는 지금도 불만족으로 활활 타오르고 있습니다.

폭탄 돌리기

 우리 요양 공화국에서는 불쌍한 폭탄은 취급하지 않습니다
 불쌍한 폭탄은 신고가 들어와도 폭발물 처리반이 동하지 않습니다
 우리 공화국에서는 폭탄을 집에서 돌리다가 분실하는 경우에는
 보험은커녕 공화국에서 통·반장에게 구상권을 행사하도록 하겠습니다

 그러니까 폭탄은 요리조리 돌리지 마시고
 녹슨 뇌관이라도 분리하지 말고 주저 없이 연락주시면
 소리 소문도 없이 복지부동하지 않고 신속하게 처리하겠습니다
 국민 여러분 이제는 요행이나, 다행을 바라지는 마시고
 공화국이 지향하는 요양 시설에서 오래오래 요양하면서
 보모딱지, 자식 뒷간 보증서 반납하시고
 요양 천국, 요양 대국 발전에 이바지합시다

ㅏ 자의 발견

ㅏ 자를 뽑습니다. 복잡하지 않습니다.

 동그란 하늘이 내려주는 결정, 점찍어 사람을 뽑는 ㅏ 자로 대통령, 국회의원, 도지사. 시장도 뽑는다니, ㅏ 점 하나쯤 철판 얼굴에 있어야 당신은 당선이 됩니다. 맨발로 철판도 없이 덤비는 놈은 일찍이 점에서 멀어져간 놈이거나, 또는 점을 선으로 밖으로 밀어버린 놈입니다. 일복만 많은 우리는 점 복 자로 점을 쳐야 한다니 환장할 노릇이지만, 점에서 점점 멀어지는 우리의 행복은 가까이 다가갈수록 점점 복잡해집니다. 복을 주는 사람은 얼굴을 모르고 복을 찾는 사람은 마스크를 물고 착한 개를 찾아갑니다.

 ㅏ 자를 뒤집어 우직하게 지게를 질 수 있는 착한 개를 우리는 우리를 모르고 복을 찍어야 합니다.

 지게를 거꾸로 지고 떨어지는 낙점들이 찍히는 네모난 하늘에 ㅏ들이 복으로 떨어져 빛납니다.

은행잎 누나

A 은행은 B 은행보다 요행을 바라지 않아서 다행이다
C 은행 부채를 A 은행 대출로 갚고 B 은행 마이너스 통장에서
장기 투자한 은행잎을 사임당 누나라고 하면 신원보증해 주세요

자동이체가 안 되는 잔돈으로 누나 만나러 가는 길
동그란 얼굴들은 주머니가 무거워 신발을 끌고
은행나무 아래에서 누나가 찔러준 뒷돈이 상처가 될까 봐
뒤돌아본 통닭집 날개들이 힘없이 추락하던 날
현행범으로 체포되어 부채꼴 감옥에 들어가면
누나가 옥바라지로 일수를 찍어 복리를 취하는 밤

은행을 다행으로 부르면 안 되나요?
샛노란 우산 쓰고 은행 털러 가면
사임당 누나와 바꿔주면 안 되나요?
일 년에 한 번쯤은 사임당 누나를 만나
밤새도록 은행잎 세어 보면 안 되나요?

벅수에게

 오늘은 불안 만져서 하루라는 마디가 짧다
 내일은 가늘고 길게 가는 무궁화 열차를 기다렸지만
 세상은 돌고 돌아 완전히 돌아서, 불안도 돌고 돌아서
 어느 깃발 아래 모여 어느 동네 사람들이 무슨 춤을 출지 몰라

 벅수야 애먼 동네 사람들 서로를 발가벗기고
 하염없이 기다리는 불쌍한 고구마 빼떼기는 힘이 없어
 몇백 년을 살자고 천년을 기다리는 것은 불평불만을 부추기지
 큰 눈 도리도리 도리를 모르는 어둠의 통발을 건져 버리고
 송곳니 꽉 물고 미래의 아가미에 곧고 투명한 파도를 세우자

 수면 밖 어리숙한 주름살을 피워 억수로 기대하던 파시에서
 갯장어 등살을 일 획으로 긋는 행복한 바람칼을 기다리며

마지막으로 서로를 이해시키는 내용증명을 빠른 등기로 보낸다

주민자치회

 개, 소, 닭, 고등어, 갈치, 뱀, 개구리, 채송화, 도라지, 고구마, 집 나간 소주병 하고도 이야기를 하자. 동네 청소도 하고, 봄마다 통별로 회치도 하고, 가을엔 가마솥 걸어서 운동회도 하고, 모든 주민이 주인이 되는 총회는 쥐도 새도 모르게 합시다.

 회장은 배짱이나 개미에게 맡기고 사무장은 막걸리나, 새우깡이 맡고, 회비는 새벽이슬이나 된장찌개 한소끔 올려 이자도 늘이고, 비빔밥이나 비비면서 월례회는 다분하게 하고, 감사는 방범등이나, 미끄럼 방지턱에 종신으로 맡기로 합시다.

 지렁이나 굼벵이에게 오래오래 가는 달력을 구해 경로당마다 돌리고, 해마다 주민총회 참석해서 착한 주민이 되어 똑바로 바르게 살다가 조용히 소풍 가기로 총회에서 다짐하기로 합시다.

자물쇠

벼랑 끝, 바람도 뛰어내리지 못하는 적막
풀리지 않는 가부좌를 틀어막은 면벽 아래
자정을 넘어 자정 능력을 잃어버린 동안거
변태하는 애벌레처럼 무상으로 받은 무아지경

실체가 없는 색수상행식의 비밀을 불러 모아
때깔 고운 얼굴들을 하나하나 지우는 일
절친한 욕망과 평생 거리 두기로 참회하는 일
한 소식 듣기까지 생멸의 화두를 까부수는 일

자살을 방조했던 '이 뭐꼬'를 알아치면
일 겁을 뛰어넘어도 모르는 일
내 안에
속절없이 녹슬어 가는 자물쇠를
무슨 최면을 걸어 풀 수 있나?

탑

공

생멸

모질다

불생불멸

어쩌다인간

살얼음판건너

네모난동그라미

중생은아래가없고

지혜는하늘위에없네

이래도좋고저래도좋네

괜히왔다가는토막난인생

환장하고도남아도는이세상

이생망저생망망망대해한살이

부처도아라한도몽정하는이뭐꼬

돌베개를베고가는돌부처말이없네

뜰앞에잣나무와해우소마른똥작대기

육바라밀행을닦아변기에내려주십시오

비상 시대

비대면 세상 데면데면한 우리 사이
비속어가 난무하는 비정한 세상에서
비 인간은 비자 발급 보류대상
비대면으로 비뚤어진 여의도에
비상계엄 계몽령이 유령처럼 나타나서
비수기 비참한 내수 부진으로 비눗물을 흘리고

비 때문에 비틀어진 비파 꽃 울어도
비 설거지는 비전공자로 비자금을 채우고
비염 유전자는 비슷한 혈통의 비밀 상자를 열어
비전 공상자는 비밀 처리 대상으로
비스듬히 닮아 가는 우리는 이래저래 비정상

Mayday Mayday Mayday

돈돈돈 쓰쓰쓰 돈돈돈
돈돈 돈쓰돈돈 쓰쓰쓰 돈돈돈쓰 돈쓰쓰 쓰쓰스 돈돈쓰
돈돈돈 쓰쓰쓰 돈돈돈

너 돈 쫌 쓰니
돈 돈 없쓰 돈 돈 없 쓰 없 쓰
내가 돈이 없지 의리가 없냐

오늘은 오늘만큼 돈 쓰 돈쓰 돈쓰 돈 돈 돈
내일은 개똥같이 돈 쓰 돈쓰
악착같이 돈쓰 돈쓰 돈 돈 돈

어쨌든 새로운 시작은
죽어야 할 수 있는 일

돈쓰쓰

시집 해설

사물 고유의 맛과 시의 당도

김정수(시인)

사물 고유의 맛과 시의 당도

김정수(시인)

　안창섭 시인의 두 번째 시집 『도道시詩락樂이 돌아오는 시간』은 시간의 흐름 속에서 존재의 의미를 찾으려 끊임없이 시도한다. 존재의 의미는 사랑의 상처와 그리움을 주제로 한 '세계의 자아화'라는 전형적인 서정시의 방식을 택하지만, 시인으로서의 위치와 더 높은 곳을 바라보는 초월 의지는 낯선 언어와 형식을 지향한다. 익숙한 듯 낯선, 낯선 듯 익숙한 언어와 형식으로 개인사적 서정을 넘어 불합리한 현실 세계와 인간의 허위를 에둘러 비판한다. 현실을 인식하면서도 자꾸 뒤를 돌아보고, 꿈의 형식을 차용하고, "시 팔아/ 밥 묵기는 글렀"(「뭐시 중한디 1」)다는 자조는 "시는 무력감에서 탄생한다"(『아픔의 기록』, 열화당. 2023)는 존 버거John Berger의 말을 연상시킨다. 존 버거는 시 쓰기는 모터사이클을 모는 것과 정반대의 위치에 놓인다고 말한다. 삶은 모터사이클을 모는 것과 다르지 않다. 때론 자유롭게, 때론 냉정하게 주변 사실과 빠른 속도로 타협한다. 짧은 순간에 결정하고 결과를 기다린다.

저항이나 지연 시에는 이를 비껴가는 반동反動의 계기로 삼는다. 모터사이클을 몰 때 이외는 생각하지 않는다. 하지만 시는 사실事實 앞에 무력하다. 현재 일어나는 일을 제외한 모든 것에 귀를 기울이고, 우리 앞에 없는 것에 대해 이야기한다. 시를 쓸 때 삶의 속도를 늦춰 시간을 자꾸 뒤로 돌리는 이유라고 존 버거는 말한다.

  시인은 꽃 진 자리에 열린 '풋사과' 같은 현재성과 존재성을 시간의 흐름 속에서 증명하고자 한다. 가령 시인을 한 그루 사과나무라 가정한다면, 두 번째 시집을 상재하는 현재(혹은 1부)는 '풋사과처럼 덜 익은 시간'을 통과하는 중이다. 풋사과는 크기와 맛이 다 익은 사과에 미치지 못하는 미숙성 상태다. 현실에 대한 냉혹한 자각과 반성이면서, 동시에 겸손의 미학이다. 하지만 그리움을 편집하고(2부), 나의 존재성을 확인하고(3부), 나아가 세계와 울고 웃고(4부), 심장에 문장을 새기는 시인으로 각인되는 시간(5부)을 거치면서 시인은 한층 성숙한 사과로 거듭나겠다는 각오를 다진다. 단맛이 들기 전의 풋사과는 신맛과 떫은맛, 쓴맛이 혼재한다. 그것이 이번 시집에 녹아있는 맛이다. 완숙한 사과의 단맛을 지향하지만, 여러 맛이 혼재한 지점에 여전히 그의 시가 놓여 있다. 이월춘 시인은 첫 시집『내일처럼 비가 내리면』(천년의시작, 2021) 추천사에서 그런 맛을 "소주 맛"이라 했다. "인생의 그늘과 모순, 부조리를 때론 담백하게, 재기 넘치고, 해학적 이야기로 풀어내는" 입담이라 했다.

이의 연장선에 놓여 있는 이번 시집을 읽다 보면 낯익으면서도 낯선 감각을 수시로 만나게 된다. 신맛인 듯하면서 떫은맛, 단맛인 듯하면서 쓴맛이 느껴지는데, 높은 당도에 이르기 전의 오묘한 맛은 독자를 당황케 한다. 아린 맛에 뱉어버리고 싶은 충동도 일지만, 참고 씹어 먹다 보면 농익은 사과에서 맛볼 수 없는 독특한 맛을 느낄 수 있다. 그 맛은 표현 방식일 수도 있고, 시적 지향점일 수도 있다. 가령 사랑의 상처를 노래한 시「홍옥」에서 "쪼개지지 않는 사과"를 "반송된 편지"에, "말 못 하는 사과"를 "주머니 없는 속곳"에 비유하는 방식이다. 젊은 날 힘자랑하듯이 손으로 사과를 둘로 쪼개 나눠 먹는 것은 사랑이고, 사과가 쪼개지지 않는 것은 이별이다. 서로 연관성 없는 듯한 사과와 편지는 사랑의 감도를 측정하는 사물이다. 또한 같은 사과라도 "쪼개지지 않는 사과"와 "말 못 하는 사과" 사이에는 축적된 시간이 존재한다. 편지에는 반복성과 시간성이 생략되어 있다. "반송된 편지"에는 젊은 날의 사랑과 이별이, "주머니 없는 속곳"에는 그리움과 상처가 어룽져 있다.

  또한 신맛, 떫은맛, 쓴맛은 '도道시詩락樂', 즉 도道, 시詩, 락樂의 다른 지칭일 수 있다. 안창섭에게 시는 도道를 깨닫는 일인 동시에 음악이다. 음악과 하나였다가 분화되었다는 것을 새삼 상기하지 않더라도 시가 단순히 문자로만 구성된 것이 아니라 일정한 규칙성, 즉 리듬을 활용한 음악성을 획득한 예술이라는 것은 불문가지다. 도道

는 종교적·철학적 의미를 포괄하는데 종교는 불교와 기독교 세계관을, 철학은 논어와 도덕경 등을 근저로 하고 있다. 시 「도시락 3」에서 보듯, 특히 노자의 사상을 바탕에 깔고 있다. 시인은 "도가도비상도"를 현실이 아닌 "꿈길에 보았"다며 "도리를 살펴 가며 살아도/ 돌아오지 않는"다고 설파한다. 노자의 『도덕경』 첫머리에 나오는 도가도비상도道可道非常道를 흔히 '도를 도라고 말하면 그것은 늘 그러한 도가 아니다', 즉 도는 말(言)로 설명하거나 글로 개념화할 수 있는 것은 아니다. 도를 시로 대체하면, 시는 시라고 말하거나 쓰는 순간 그것은 이미 시가 아니다. "꿈속에서 보았던" 시를 아무리 현실에 되살려도 그것은 내가 정령 원하는 시가 아닐 뿐만 아니고, 사람의 도리를 하며 시를 써도 내가 원하는 시인은 아니라는 생각이다. 도시락은 집을 벗어난 곳에서 식사하기 위해 휴대하는 것이다. 집에서 느낄 수 없는, 부유하는 삶에서 느껴지는 즐거움(樂)이 포착돼야 하지만, 이번 시집에서는 사랑의 상처와 "어제의 씁쓸함과 내일의 쓸쓸함"(「쓸쓸」)이 곳곳에 스며있다.

    내 등 뒤에 누가 있나
    문득 뒤돌아보았을 때
    떠오르는 얼굴이 있다면
    조금은 아픈 사랑을 모르는 척하다가

누군가의 등에 업히고 싶을 때
누가 나를 불러주지 않아도 뒤돌아보고 싶은
먼 뒤안길에서
뒷주머니에 넣어 두었던
부치지 못한 편지를 꺼내 읽는다

농담처럼 보고 싶다 해도
떠오르지 않는 그리운 사람이 되어
달빛 아래 소식을 전하는 반딧불이처럼

　　　　　　　　　－「물끄럼말끄럼」 전문

사람은 사람으로 잊고 살구요

사랑은 사랑으로 잊고 살구요

살구는 죽어도 잊지 않고 살구요

이래도 살구 저래도 살구

이래저래 잘 살다가

살구꽃 등불 아래

등뼈를 말리는 그런 날까지 살구요

　　　　　　　　　－「살구꽃 당신」 전문

쓴맛과 떫은맛이 섞여 있는 서정시는 사랑의 상처로 인한 쓸쓸한 정서를 잘 반영한다. 정통서정의 정수를 보여주는 「물끄럼말끄럼」은 풋사과처럼 설익은 사랑을 절제된 감정과 정서로 맛깔나게 표현한 시다. '물끄럼말끄럼'은 서로 말없이 눈을 똑바로 뜨고 얼굴만 우두커니 쳐다보는 모양을 나타내는 우리말이다. 시인은 앞이 아닌 뒤를 주목한다. 앞이 현재의 부끄러움이라면 뒤는 과거의 그리움이다. 시간에 잠겨있는 뒤는 상처의 공간이지만, 그리움의 대상을 인식하는 공간이기도 하다. 또한 뒤는 대상이 아닌 그늘과 그림자가 존재하는 공간이다. 뒤를 돌아보는 행위를 통해 '타자의 자아화'가 실행된다. 앞만 바라보며 살다가 "문득 뒤돌아보았을 때" 과거에 머물던 그리움의 대상은 현재의 공간으로 소환된다. 아주 짧은 순간 되돌아온 "조금 아픈 사랑"은 "모르는 척"할 때 비로소 완성된다. 사랑은 영원하지 않지만, 그리움의 자리에 놓여 있을 때 문득 환기된다. "누군가의 등에 업히고" 싶을 만큼 그리움이 깊어 자꾸 뒤를 돌아보고, "부치지 못한 편지"를 읽다가 끝내 "그리운 사람"이 되고 만다. 타자의 자아화, 그리운 대상과의 일체화라 할 수 있다. 그리움이 깊어졌다가, 다 잊었다가 그리워한다는 그 자체마저 잊는다. 공空의 상태에 이르러 앞과 뒤를, 자아와 타아를 물끄럼말끄럼 볼 수 있는 것이다.

　「살구꽃 당신」은 첫 시집에 수록된 「파문波紋」의 후일담 같은 시다. 진정한 사랑은 앞이 아닌 뒤에, 시간의 흐름

뒤에 찾아오는 그리움이라는 것을 보여주는 이 시는 "당신의 머리맡에/ 두고 온 미열"의 안타까움과 그리운 정조가 짙게 배어 있기 때문이다. 사랑하는 사람을 잊고 살 때, 뒤에 두고 온 파문이 밀려와 불현듯 뒤를 돌아본다. 이루지 못한 아련한 사랑은, 그 사람은 잊고 살아야 한다는 건 경험치다. 마음보다 몸이 인지하고 먼저 반응한다. 자동사 '살다'의 활용 "살구(고)"와 열매 살구의 발음이 같은 것에 착안 이 시는 체념의 정조를 간결한 어조로 형상화하고 있다. 사람과 사랑을 잊으면 남는 건 깊은 상실과 체념이다. "이래도" "저래도" 사는 체념적 달관의 경지에 이르다가 "이래저래" 사는 달관적 체념에 이른다. "살구꽃 등불 아래/ 등뼈를 말리는 그런 날까지" 산다는, 극도로 절제된 감정에는 품위를 잃지 않으려는 결연한 의지가 서려 있다. 그런 의미에서 살구꽃은 기다림 끝에 죽음에 이르는 역설의 꽃이다. 사랑의 상처와 기다림으로 거대한 침묵과 죽음의 고통에서도 진정한 사랑이 무엇인지를 상징적으로 보여준다. 시인은 멀어질 듯하면 슬그머니 불러내 가까워지고, 너무 가깝다 싶으면 딴청을 부린다. 멀지도, 가깝지도 않은 거리에서 풋사과 같은 사랑과 상처를 시로 형상화한다.

  시적 화자를 이별과 사랑의 상처를 치유해주고 화해의 공간으로 이끄는 것은 '빛 이미지'다. 「물끄럼말끄럼」의 반딧불이는 그리움의 주체에서 객체가 되는 사물로, 「살구꽃 당신」의 등불은 체념적 역설의 사물로 자리한다.

"백열등 아래로 돌아가는 길"(「이별이 지고 작별이 뜬다 1」), "처마 끝에서 모가지를 걸고 새벽을 기다려 봅니다"(「메주」), "웃음 꽃피는 날에는/ 해도 지지 않고"(「눈물 왕국」), "늙수그레한 샛별이 독도로 본적지를 옮기고/ 주름살 펴고 무궁화 활짝 피었다지"(「샛별이 떨어진 안방」)에서 확인할 수 있듯이, 빛 이미지는 그리움이 깊어 병病이 되는 것이 아니라 자아와의 타협, 타자와의 화해를 넘어 초극 의지를 보여준다.

> 아서라 보지도 못할 마음을 심어 놓고
> 얼굴에 언제 꽃피기를 기다릴까?
>
> – 「상사화」 부분

> 죽은 당신을 죽도록 사랑하라고
> 오늘은 그날처럼 첫눈이 내립니다
>
> – 「아라홍련」 부분

꽃이나 첫눈도 빛처럼 "거머리 같은 슬픔"(「와락」)과 "감량을 모르는 고독의 무게"(「네팔상회」)를 견디는 이미지로 활용한다. 「상사화」에서 몸과 마음이 따로 노는, 즉 보고 싶어도 볼 수 없는 상황에 몸은 '여기' 있지만, 마음은 '거기'로 향하는 안타까운 심정을 애절하게 노래한다. 상사화의 꽃말은 이룰 수 없는 사랑, 영원한 기다림이다. 몸과 마음이 합일하는 얼굴에 피우는 꽃은 '웃음'이다. 웃음꽃의 발현은 몸이 아닌 마음에 의한 것이다. 마음이 웃지 않는데 얼굴만 웃는 것은 가식이다. "그대 향한 마음"이 무릎에서 얼굴로 자라는 순간 기다림은 끝나지만, 사랑이 현생에서 이루어질지는 의문이다. 하지만 그것이 현생이든 내생이든 중요하지 않다. 영원한 사랑은 기다림, 그 자체만으로 완성이기 때문이다. 「아라홍련」은 700년 전 고려 때 연꽃 씨앗에서 발아된 아라홍련을 소재로 하고 있다. 700년이라는 "세월의 무게"를 견디고 활짝 연꽃을 피울 수 있었던 힘은 "당신을 죽도록 사랑"하는 사람이 기다리고 있다는 굳건한 믿음이다. 700년의 세월의 무거움은 첫눈 내리는 날 만나자는 조금은 가벼운 약속으로 균형을 이룬다. 신화와 현실의 만남일 수 있다. 그런 비현실적인 약속은 첫눈이 내리는 "오늘" 실현된다. 진정한 사랑은 세월과 공간에 구애받지 않는다. 모든 걸 바치는 사랑보다 "첫눈"처럼 가식적이지 않은, 거짓 없는 사랑이 더 소중하다는 것을 이 시는 보여준다.

참과 거짓을 섞어 폭탄주를 만들었을 때
혀는 꼬여서 말은 삐뚤어지고 했던 말 하고 또 했지
술병이 졸병이라 안주를 하나 더 시켰지
한번은 단단한 말로 투명한 잔을 깨고 싶었지만

우리가 기억하는 것은 다 거짓이었지
참말은 주머니 속에서 만지작거렸지

아무리 마셔도 줄지 않는 진실한 밤공기에 취해

내 안에서 잠자고 있던 불침번이 거짓을 불러모았지

어떻게 돌아왔는지도 모르고 어떻게 돌아가는지도 모르고

짐승처럼 어둠을 두드리다가 저승 잠을 자던 나는

또 태어나는 끔찍한 꿈을 팔 수가 없었지

꿈결이었어, 눈에 밟히는 꿈길이었어

- 「꿈결이었어, 깨어날 수 없는 꿈결이었어」 전문

"참과 거짓"은 당연히 잔에 따를 수 없다. 참true 혹은 거짓false은 확실하게 말할 수 있을 때만 '명제'가 성립한다. 명제는 반드시 하나의 진릿값, 즉 참 또는 거짓을 가져야만 한다. 참/거짓 판별이 모호한 건 명제가 아니다. 참이나 거짓을 잔에 따를 수 있느냐 없느냐는 수학적·논리적으로 성립할 수 없기 때문에 명제가 성립하지 않는다. "우리가 기억하는 것은 다 거짓"이라는 문장도 지극히 주관적 관점이므로 '거짓말'이라 단정할 수 없다. 주머니 속에 들어 있는 '참말' 또한 마찬가지이므로 참과 거짓의 구분은 명확하지 않다. 참과 거짓이 혼재되어 있어 무엇이 참이고, 무엇이 거짓인지 알 수 없을 때, 필요한 것은 '분별의 힘'이다. 윤리적으로 참과 거짓은 도덕적 판단과 직결된다. 선의의 거짓말도 정당화될 수 있다. 수학적 논리가 아닌 현실 세계에서 참과 거짓을 이분법적으로 구분

한다는 것은 불가능에 가깝다. 참이 거짓이 될 수 있고, 거짓이 참이 될 수 있다. 특히 꿈과 현실을 반영한 시적 상황에서는 참과 거짓의 판별로 유의미한 결과를 도출하기는 어렵다. 이 시의 시적 공간처럼 술자리에서는 취기가 오를수록 이성보다는 감성이 지배한다. "혀는 꼬여서 말은 삐뚤어지고 했던 말을" 반복한다. 이성이나 진실이 주체의 자리에 서지 못하고 옆으로 밀려나 곁다리 취급을 받는다. 불편한 술자리에서 상대의 말을 듣고 있어야 하는 시적 화자는 명제의 성립과 상관없이 상대의 말이 거짓임을 확신한다. 하지만 "졸병"의 위치인지라, 제대로 된 변명이나 반박조차 하지 못하고 만취해 귀가한다. "한번은 단단한 말로 투명한 잔을 깨고 싶었지만" 현실은 호락호락하지 않다. 우월적 지위에서 하는 거짓말은 타인의 삶을 비참과 자괴에 빠지게 한다. 이어 삶에 대한 회의와 죄책감으로 일상생활은 서서히 파괴된다. 살아 있음의 죄의식을 느끼는 한편 다시 인간으로 "태어나는 끔찍한 꿈"을 꾼다. 말 그대로 "죽을 맛"(「도시락 2」)이다.

거짓임을 알면서도 참을 말하지 못하는 끔찍한 고통은 '생각'과 '죄'를 불러온다. 여는 시 「상상도 못 하는 죄」에서 "생각하는 것만으로도 죄"가 되고, 그 죄가 "너무 많"다는 고백은 종교적 원죄 의식, 혹은 카르마 karma와 닿아 있다. 인생의 쓴맛이다. 단순한 어구의 반복과 변주로 생각에서 상상에 이르는 죄의 흐름과 심화, 삶의 통찰을 잘 보여준다. 인간은 태어난 순간부터 죄인이라는 근원적

죄보다는 마음에 품으면 안 되는 것을 품은 "생각의 깊이만큼 죄는 깊어"지는데, 생각의 대상이 무엇인지 명확하게 밝히지는 않는다. 다만 생각하지 않으면 "죄가 곁에 있"다는 현생과 "전생에 지은 죄는 죽어도 모르는" 내생으로 볼 때, 카르마의 세계관이 깔려 있다. 전체 어조나 시적 분위기로 보면 죄를 짓는 대상이 사랑하지만, 현재 곁에 없어 생각밖에 할 수 없는 사람으로 보인다. 윤회를 통해 인과 연을 이어가는 대상은 "그립다, 말 못 하는"(『발꿈치를 잘라 먹던 시절』) 가족일 가능성이 가장 크지만, "첫눈 오면 만나자"(『그땐 그랬지』) 약속한 사람일 수 있다.

> 아버지, 어머니 전선의 봄은 70년이 지나도 그 자리에 진달래 멍울멍울 피었습니다. 어머니, 아버지 고향 뒷산에도 산벚꽃 흐드러지게 피었겠습니다, 보리밭 노고지리 높게 울어 탱자꽃도 피었겠습니다.
> 아버지, 어머니 이제 돌아가고 싶습니다. 따뜻한 어머니 품이 아니라 생사를 같이했던 전우의 곁으로 돌아가고 싶어서, 조카들 입속에서 저의 흔적을 찾고 있습니다. 멀어진 사촌과 가까운 8촌까지 돌고 도는 강물의 피를 물려받은 졸참나무 잎새마다 도토리묵을 싸고 있습니다.
>
> 아버지 제발 저를 찾아 주십시오. 이제 꿈속에서도 어머니가 찾아오지 않습니다. 집 떠난지 70년 아버지

도 저를 찾아 떠돌고 있겠지만 저는 뜨거운 햇살에 눈이 멀어 고향 가는 길을 잃었습니다.

　어머니 이제 저를 제발 찾지 마십시오. 어머니가 저를 얼마나 애타게 찾고 있는지 천지가 알고 있습니다. 읽지도 못하는 편지가 낙엽처럼 이렇게 많이 쌓였는데 어머니 이제 저를 제발 찾지 마시고 잊어주십시오.

－「부모님 전 상서」 전문

　안창섭의 시에서 가족은 시적 대상에서 다소 소외되어 있다. 인용시 「부모님 전 상서」 외에 가족 중 한 사람을 온전히 다룬 시가 없을 만큼 시인은 가족과 일정한 거리를 두고 있다. 멀리는 할아버지 · 할머니, 가까이는 형제자매, 그리고 아내나 자식들에 대한 시뿐만 아니라 시어조차 찾기 드물다. 가족을 언급한 시도 가족의 누군가를 온전히 시적 대상으로 삼지 않고 스치듯 한 문장을 슬쩍 끼워 넣는다. "무전취식을 도왔던 광부의 아내"(「무전유죄」)나 "쿠팡에서 엑티브 스피커를 3개월 할부로"(이하 「내 통장이 영원이 되는 동안」) 산 나에게 "화가 나서 컵라면을 집어 던지"는 아내와 같이 악착같이도 드센 모습을 보여준다. 하지만 첫 번째 시집에서는 「돌 하나 던져 놓고」, 「소금」, 「어둠의 힘」, 「가을의 노트」, 「나는 돌아가고」, 「배냇소」, 「보고 싶은 오빠」 등 여러 편에서 가족 서사를 다루고 있다. 특히 꿈의 형식을 차용한 「나는 돌아가고」에서 "당신은 이미 일곱 명의 아이가 있다. 나보다 먼저 생겨난, 말

하자면 나의 누나들"이라고 고백한다. 한데 그것은 "아버지의 의사가 반영된 것"이 아닌데, 그 아이는 "눈이 이마에 박"히고, "벌써 송곳니가 뛰어"나왔다고 한다. 새벽에 잠자는 식구들을 깨운 당신은 "이상하게 생긴 아기를 강물에 던져"버린다. 무의식의 반영이거나 시적 상상일 수 있다. 그럼에도 누나 일곱의 막내아들로 귀하게 자랐을 터인데, 아버지와의 불화가 엿보인다.

「부모님 전 상서」는 첫 시집 「보고 싶은 오빠」의 또 다른 버전이다. 두 편 모두 '군대' 관련 내용을 '편지 형식'으로 다루고 있기 때문이다. 「보고 싶은 오빠」는 군에서 사고를 당한 오빠에게 30년 후 "반백이 넘어서도" 변함없는 마음을 담고 있다. 반면 「부모님 전 상서」는 70년이 지난 "전선의 봄"의 변함없음과 "생사를 같이했던 전우의 곁으로 돌아가고 싶"다는 바람을 드러낸다. 6·25전쟁에 참전했다가 사망해 고향으로 돌아가지 못한 한 병사의 입장에서 쓴 편지로 읽힌다. 전쟁이 끝나도 돌아오지 않는 아들을 찾아 떠돌던 아버지·어머니도 돌아가시자 "멀어진 사촌과 가까운 팔촌", 조카들 통해 자신의 존재가 기억될 뿐이다. "따뜻한 어머니 품"이 사라지자, 낙엽 아래 묻힌 자신의 유해가 발굴되길 기다리던 영혼은 차라리 함께 싸우던 전우의 곁에 머물고자 한다. 하지만 "어머니 이제 저를 제발 찾지 마십시오"라는 역설적 표현에는 고향으로, 부모님 품으로 돌아가고 싶은 간절함이 배어 있다. "오래된 기억을 수습하는 사진 한 장"(「이별이 지고 작별이 뜬다 1」)에서 촉발됐을 수도 있는 존재의 본질과 그리움의 정서를 시간의 흐름에서 보여주는 이 시는 죽어서도 만나지 못하는 고통은 인간의 존엄과 본향의 엄숙함을 담고 있다.

내가 아는 나는 누구인가? 모르면 모른다고 해야 하는데 내가 아는 네가 나에게 알려줄 수 있는 터무니없는 정보는 오타 주의보였다.

나는 흘려 쓴 편지보다 눈물로 쓴 편지를 더 잘 읽는다. 소리 내어 울어주기만 하면 되니까.

나는 하필이면 그때 거기에 있을까? 생각하다 그때 나 아니면 누가 나를 대신할 팽나무가 없다는 것을 뒤늦게 알고 누구를 나무랄 수 없는 핑계를 만들었다.

나는 우연이나 필연, 악연이라도 인연에 이끌려 나밖에 없는 꿈속에서 세상의 눈치를 보며, 주머니 속 체면을 구겨 넣고 만지작거리다 꿈에서 꿈을 파는 개꿈을 사주했다.

나는 흘러가는 물이다. 방향을 잃어버린 적은 있지만 머물러 있던 적은 없다, 그래서 슬픔도 쌓여있지 않고 낙숫물처럼 떨어져서 울었다.

나는 어설픈 이발사다. 내 머리에 물을 주고 기른 웃자란 머리카락을 가위로 뿌리까지 자른다. 근심 초 두어 포기, 무심 초 서너 포기 남새밭에는 잡초만 무성하지만, 내 머리맡에 빛 좋은 개살구는 뿌리 끝에서 꽃이 피고 있다.

나는 유명한 무명 시인이다. 잘못을 빠르게 시인하는 죄인이 되어 종신형을 받더라도 세상의 가려움을 긁어, 한 줄 시로 끝까지 밀고 나아가는 것이다.

– 「Who am I」 전문

부모님 앞으로 쓴 편지는 전달되지 않는다. 쓴 사람도, 쓰인 적도 없으므로 "읽지도 못하는 편지"다. "대신 보낸 편지"(『그땐 그랬지』)도 당연히 "반송된"(『홍옥』)다. 하지만 반송할 곳도 없다. 시인은 질문한다. "흘려 쓴 편지보다 눈물로 쓴 편지를 더 잘 읽는" 나는 누구인가? 편지를 대신 써주는 사람이 아니라 편지를 대신 읽어주며 울어주는 나는 "무명 시인이다". "한 줄 시"로 아픈 사람을 위로해주고, "세상의 가려움을 긁어"주는 시인이다. 그 시가 "빛 좋은 개살구" 같을지라도 한 사람에게는 "꽃"이 될 것이므로 의미가 생겨난다. 다시 "나는 흘러가는 물이다". 삶의 방향을 잃어 방황한 적 있지만, 결국 흐름을 멈추지 않았다. 옆길로 흐르다가도 본류로 돌아왔다. 물은 고여 있을 때보다 흐를 때 존재를 증명한다. 고인 물은 고요를

유지한 채 틈과 터진 데를 찾는다. 그래야 썩지 않는다. 시인은 세상의 터진 데를 찾아 메워주는 존재다. 나를 위로하고, 세상을 위로한다. 시인은 "나는 유명한 무명 시인"이라는 모순어법을 통해 현재는 무명 시인일지 몰라도 언젠가 유명해지고 싶다는 속내를 드러낸다. '무명'은 정체성의 확인이고, '유명'은 지향점이다. 무명은 현지의 위상이고, 유명은 미래의 지위다. '무명'과 '유명' 사이에는 시간, 노력, 욕망 그리고 약간의 운이 필요하다. "주머니 속 체면을 구겨 넣"는 일이야 시를 쓰면서 얼마든지 감내할 수 있는 일일 것이다. 한데 "잘못을 빠르게 시인하는 죄인이 되어 종신형을 받"는다는 건 무슨 뜻일까. 무슨 중한 잘못을 저질렀기에 종신형을 선고받는다는 말일까.

생각하는 것만으로도 죄가 된다지

생각만으로 지은 죄, 너무 많아서

생각하기 싫은 죄, 더 많아서

생각의 깊이만큼 죄는 깊어지고

생각이 없는 만큼 죄는 곁에 있네

전생에 지은 죄는 죽어도 모르는 죄

상상으로 또, 무슨 죄를 짓고 있나?

-「상상도 못 하는 죄」 전문

  시집 맨 앞에 놓인 이 시는 "생각"과 "죄"의 상관관계를 종교적·철학적 관점에서 존재 가치와 의미를 반추하고 있다. 기독교의 원죄나 불교의 카르마를 바탕으로 인간의 선함과 악함, 자유 의지, 욕망과 선택 등의 철학적 명제를 제시한다. 항상 선한 길을 가지 못하고, "세상의 눈치"를 보는 바람에 가야 할 길을 포기하고, 또 다른 욕망으로 인한 잘못된 길을 선택하고, 나의 욕망과 선택이 타인의 길에 영향을 미치는 등 인간은 '죄'로부터 자유로울 수 없다. "생각하는 것만으로도 죄"라는 표현에는 생각하는 대상과의 심적 거리나 행동이 표면적으로 드러나지 않는다. 하지만 생각은 그 대상과 실체적 접촉, 즉 현상이 있어야 가능한 일이다. 한 번도 접촉하지 않은 대상을 생각할 수는 없기 때문이다. 생각 이전에 만남·관계·감정 등의 경험적 실체가 존재해야만 한다. 시적 화자와 시적 대상 사이에 무슨 일이 있었는지 알 수 없지만, 시적 화자는 미안함을 넘어 죄스러움을 느끼고 있다. 생각하는 죄의 대상이 사람이 아닌 사물이나 무형일 수도 있다. 생존을 위한 살상이나 과도한 욕심이나 욕망 시에도 죄책감을 느낄 수 있다. 가령 유명한 시인이 되고 싶다는 생각은 욕망을 포함하고 있다. 이런 욕망조차 "죄가 된다"면, 그 죄는 지나친 결벽일 것이다. 생각의 죄는 그 횟수에 비례하다가 깊이에 따라 한층 깊어진다. 생각과 죄의 나열, 혹은 심화로 이루어진 이 시는 "전생에 지은 죄는 죽어도 모르는 죄"에서 전환된다. 전생-현생-내생을 아우르는 이 문장은 삶과 죽음 그리고 그 너머의 깊은 죄와 영혼의 세계로 인도한다.

    시시때때로 시들지 않는 시어를 찾아다녔지
    세상을 바꾸는 것은 꿈이 아니라 샘물이라서
    아무도 모르게 숫돌을 살며시 갈았지
                              -「도시락 3」 부분

    밥 한번 먹자
                              -「통일벼의 꿈」 부분

  시인은 지금 "서걱거리는 시간"(『몽당연필의 봄바람』)을 보내고 있다. "벽과 벽 사이에 넘어야 할 벽"(『월중 계획표』)과 "도돌이표 같은 악연"(『악연樂緣』)을 마주하기도 한다. 하여 자주 꿈속을 드나들며 현실에서 이루지 못한 걸 이루려 한다. 풋사과 같은 떫은맛에 좌절하기도 한다. "괜찮다, 괜찮다"(『그땐 그랬지』) 마음 다독이지만, "진흙 속으로 깊게 빠"(『연꽃처럼』)진 자신을 발견하기도 한다. "시 팔아/ 밥 묵기는 글렀소"(『뭐시 중헌디 1』)라는 말은 시만 써서 먹고살고 싶다는 역설이기도 하다. 그것은 "시들지 않는 시어를 찾"으면 자연 해소될 일이다. "아무도 모르게 숫돌"에 칼을 갈면서 기다리다 보면 언젠가 예리하게 벼린 칼을 휘두를 날이 오지 않을까. "세상을 바꾸는 것은 꿈이 아니라 샘물"이므로 새벽에 일어나 찬물 한 모금 들이키며 정신을 벼리면서. 그 맑은 정신으로 자조적 감상이나 지나친 언어유희, 지나친 비약은 사과의 당도를 떨어뜨릴 수 있다. 지나가는 바람의 조언에 따른 지나친 가지치기와 솎아내기는 나무의 형태와 무늬를 훼손할 수도 있다. 여러 과일이 섞여 있어도 사과는 사과다. 사과 속에 섞여 있어도 눈에 띄는 사과 말이다. 과수원의 먹음직스러운 사과보다 작고 못생겨도 야생에서 자란 사과의 독특한 그 맛. 사물의 고유성과 발상의 새로움에 좀 더 주목한다면 새로운 사과가 지닌 고유의 맛을 볼 수 있지 않을까. 그때는 "밥 한번 먹자" 대신 "시 한번 먹자"라고 하지 않을까.